選我選我！

知識百科

大考驗

收拾好行囊，讓我們帶您遨遊藝術人文的世界
體會旅行風俗與冒險

GREAT
COMMON
SENSE

民們！站起來！
司參與這場知識百科大考驗吧！
趟旅行都是冒險，途中偶遇的奇異風俗，就是穿插其間的驚喜。
果你有時光機，第一個選擇是拜訪未來還是穿越歷史？

i-smart

智學堂
智慧是學習的殿堂

國家圖館出版品預行編目資料

選我選我！知識百科大考驗 / 雅瑟編著.
-- 初版. -- 新北市：智學堂文化，民102.06
面；　公分. -- (青少年百科；8)
ISBN 978-986-5819-00-2(平裝)
1.常識手冊

047　　　　　　　　　　　102006216

青少年百科系列：08

選我選我！知識百科大考驗

編　　著 ── 雅瑟
出 版 者 ── 智學堂文化事業有限公司
執行編輯 ── 林美娟
美術編輯 ── 林子凌
地　　址 ── 22103　新北市汐止區大同路3段194號9樓之1
　　　　　　TEL　（02）8647-3663
　　　　　　FAX　（02）8647-3660

總 經 銷 ── 永續圖書有限公司
劃撥帳號 ── 18669219
出 版 日 ── 2013年06月

法律顧問 ── 方圓法律事務所　涂成樞律師
CVS 代理 ── 美璟文化有限公司
　　　　　　TEL　（02）27239968
　　　　　　FAX　（02）27239668

本書經由北京華夏墨香文化傳媒有限公司正式授權，
同意由智學堂文化事業有限公司在港、澳、臺地區出版中文繁體字版本。
非經書面同意，不得以任何形式任意重制、轉載。

 前言

　　藝術來自於人文，也造就人文。而人類世界本身，就是一項神祕的藝術，無論花多少時間精力去研究，畢一生之力，也不可能全然了解。所幸網路資訊無遠弗屆，或可提供些許美麗的片段。誰説迷網路的都是阿宅，虛擬世界的豐富資訊，就讓美女帶您細細品味！

　　科幻不一定永遠與「未來」聯繫在一起，如果我有時光機，第一個選擇將是穿越到過去，以觀察者的身分，認識文字與起源，然後寫下一篇篇文章公諸世界。穿越千年的部落客，用親身經歷告訴你文字的美妙之處。

　　每一趟旅行都是冒險，途中偶遇的奇異風俗，就是穿插於其間的驚喜。流浪是深植在每個鄉民體內的基因，就像這位鄉民＊愛，流浪＊，總是有説不完的冒險故事。

　　生硬的法律常識也有其曲折婉轉的故事。看似一板一眼的眼睛蛙仔，大腦中可是裝滿各式各樣有趣的法律起源喔。

GREAT
COMMON
SENSE

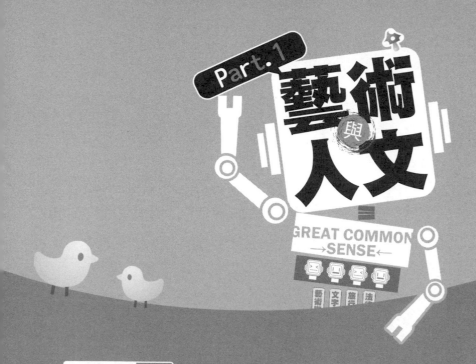

Part.1

藝術與人文

GREAT COMMON
→SENSE←

GREAT
COMMON
SENSE

是非題 122

　　你知道漢字不只中國人會使用,在中國周邊許多國家都會使用漢字嗎?對聯的上聯,到底是貼在門框的左邊還是右邊?穿越千年的部落客,用親身的經歷告訴你文字的美妙之處?

二選一 124

　　「豆蔻年華」指的是女子幾歲?「陽關大道」原是指通往哪裡的道路?每個中國字都有一個故事,等待有緣人來細細品味。

三選一 129

　　人們會在信尾寫上「此致」,請問是什麼意思?語言與文字,都是人們用來表達的橋樑。越是了解文字的奧祕,越是令人沈溺其中。

GREAT
COMMON
SENSE

是非題　172

　　每個泰國男子一輩子都必需出家一次？信奉印度教者，不吃牛肉還是豬肉？各國奇風異俗，讓偉大的鄉民＊愛，流浪＊一一說給你聽。

二選一　177

　　哪座城市被稱為「音樂之城」？中國境內人口最多的少數民族是哪一支？悠遊美麗的大千世界，古今之神祕，盡收眼底。

三選一　185

　　中國有「三大火爐」之稱的城市是哪三個城市？全世界國歌歌詞最長的是哪一國的國歌？深入各國風俗，了解文化生活，倘佯在悠然自得的旅行裡。

Part.3

旅行與風俗

GREAT COMMON
→SENSE←

是非題 216

凡私人住宅在房門上鎖的情況下遭小偷，即判定偷竊者有罪；若未鎖房門而失竊，則判定偷竊者無罪？這是哪一國的法律？讓眼鏡蛙仔來解釋給你聽。

三選一 219

世界上最典型的不成文憲法是以下哪一項？「畫地為牢」的「牢」在古代是指什麼意思？原來法律還有這些故事。

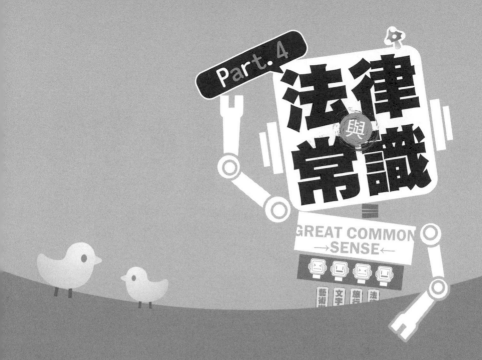

Part. 4

法律 與 常識

GREAT COMMON
→SENSE←

「詩中有畫，畫中有詩」是蘇軾對誰的評價？「名不正則言不順」是哪家的思想？人們常用「愚公移山」來形容有恆心、有毅力的人，那麼愚公移的是哪兩座山？灰姑娘去參加舞會時所坐的馬車是什麼東西變的？《水滸傳》第三回「魯提轄拳打鎮關西」，請問第二拳是打在鄭屠的鼻子上還是眼睛上？好萊塢是世界電影的大本營，請問「好萊塢」一詞最初的含義是什麼？喜愛文學藝術的你，可以在這裡盡情暢遊，領略藝術與人文的無限魅力。

GREAT
COMMON
SENSE

是非題

Question 第一幅被歸屬為印象派的畫作是《最後的晚餐》。

網路美女的文化底蘊：（錯）

第一幅印象派畫作是《日出・印象》。

Question 「大江東去，浪淘盡，千古風流人物」與「明月幾時有，把酒問青天」這兩首詩出自同一位作者。

網路美女的文化底蘊：（對）

分別出自蘇軾的《念奴嬌》和《水調歌頭》。蘇軾，字子瞻，號東坡居士，四川眉州眉山（今四川省眉山縣）人。父親蘇洵與弟弟蘇轍都是唐宋散文八大家之一，世稱「三蘇」。蘇軾曾於宋仁宗嘉祐二年考中過進士。

Question 希臘神話中除了宙斯以外，最尊貴的神就是波賽頓。

網路美女的文化底蘊：（對）

波賽頓原本有機會奪得天地霸權，但他終究不具備霸主

的冷酷無情,從愛妻為自己死去的那一刻起,權力對他而言已不具意義。

Question **古代詩壇上被合稱為「王孟」,指的是王維和孟浩然這兩位詩人。**

　　網路美女的文化底蘊:(對)

　　王維和孟浩然在盛唐時期享有盛譽,對當時的詩壇影響很大。崔興宗在《酬王維詩序》中,稱王維為「當代詩匠」。王士源在《孟浩然集序》中,說孟浩然的五言詩「天下稱其盡美矣」。

Question **「海內存知己,天涯若比鄰」是一句千古名句,出自唐朝詩人李白的《杜少府之任蜀州》。**

　　網路美女的文化底蘊:(錯)
　　這句話出自唐朝詩人王勃的《杜少府之任蜀州》。

Question **大家都知道斯芬克斯(Sphinx)是古埃及的人面獅身像。而在希臘神話中,指的則是女妖。**

網路美女的文化底蘊：（對）

斯芬克斯在希臘神話裡是一個帶翼的怪物。她是巨人堤豐和蛇怪厄喀德娜所生的女兒之一，長著美女的頭，獅子的身子，總在底比斯城外的懸崖上蹲著，對路過的人説謎語。

Question **莎士比亞所創作的四大喜劇是早期的作品，四大悲劇則是他第二個創作時期的作品。**

網路美女的文化底蘊：（對）

莎士比亞是英國文藝復興時期的偉大戲劇家，被譽為英國戲劇之父。他一生以飽滿的熱情寫出37部戲劇。其中有四大喜劇：《仲夏夜之夢A Midsummer Night's Dream》、《皆大歡喜As You Like It》、《威尼斯商人The Merchant of Venice》、《第十二夜Twelfth Night.》。四大悲劇：《哈姆雷特Hamlet》、《奧賽羅Othello》、《李爾王King Lear》、《馬克白Macbeth》。

莎士比亞的四大喜劇是他早期的作品，內容充滿人文主義的理想。而四大悲劇是他第二個創作時期的作品。在這個時期裡，他看清了理想和現實之間存在著不可克服的矛盾，因此他反對暴力，主張人道，同情人民的疾苦，也深刻體會人性。這一切也促使他寫出許多抑鬱的悲劇。

王維的《送元二使安西》被譜為「陽關三疊」，成為當時流行的樂曲。

網路美女的文化底蘊：（對）

唐代著名詩人王維寫有《送元二使安西》一詩，用字簡單又情意深長，當時便廣為傳唱。因首句「渭城朝雨浥輕塵」，所以又稱為《渭城曲》；因最後兩句「勸君更進一杯酒，西出陽關無故人」，亦稱《陽關曲》。後被譜為琴曲，初見於《浙音釋字琴譜》。琴曲《陽關三疊》，因將原詩重複並發展為三段而得名。

被譽為「靖節先生」的陶淵明又被稱為田園詩人。

網路美女的文化底蘊：（對）

陶淵明，單名潛，字元亮，自號五柳先生，諡靖節，又被稱為田園詩人。著有《陶淵明集》，代表作有《桃花源記》、《歸去來兮辭》、《歸園田居》、《飲酒》等。

芭蕾是法國人創造的。

網路美女的文化底蘊：（錯）

1496年，法國國王查理八世來到義大利的那不勒斯，

一路上他為義大利舞蹈的華美演出驚為天人，於是便將這種叫做「芭莉」或「芭萊蒂」的舞蹈帶回了法國。在此之前，法國有一種被稱為「假面舞會」的宮廷舞蹈，也類似後來的芭蕾。隨著義大利舞蹈進入法國，影響了宮廷舞蹈的發展。到了19世紀，芭蕾舞進入「黃金時代」，漸漸分支形成義大利、法國、俄羅斯三大學派。而到了現代，芭蕾和現代舞結合，又賦予芭蕾以新生命，催生了所謂的「現代芭蕾」。

Question **「春花秋月何時了，往事知多少。」這兩句詞出自中國第一位女詞人李清照的《虞美人》。**

網路美女的文化底蘊：（錯）

這兩句詞出自李煜的作品《虞美人》。全文是：「春花秋月何時了，往事知多少。小樓昨夜又東風，故國不堪回首月明中。雕欄玉砌應猶在，只是朱顏改。問君能有幾多愁，恰似一江春水向東流。」

Question **「詩中有畫，畫中有詩」，是蘇軾對孟浩然的評價。**

網路美女的文化底蘊：（錯）

蘇軾《東坡題跋》下卷《書摩詰藍田煙雨圖》中評論唐代王維的作品：「味摩詰之詩，詩中有畫；觀摩詰之畫，畫

中有詩。」王維既是詩人，又是畫家，其所成就，不僅止於能詩善畫，還把藝術中的詩與畫融合在一起。詩畫的結合，不僅是國畫的傳統，也是特點之一。

「畢竟，明天又是新的一天了。(After all, tomorrow is another day.)」這是世界名著《飄》的結尾。

　　網路美女的文化底蘊：（對）
　　《飄》是美國著名女作家瑪格麗特‧米切爾的唯一一部小說作品。它以南北戰爭時期美國南方動亂的社會現實為背景，以「亂世佳人」郝思嘉為主線，描寫幾對青年之間的感情糾葛。自問世以來，這部作品早已成為享譽世界的愛情小說。

吉他又被稱為六弦琴。

　　網路美女的文化底蘊：（對）
　　吉他是一種西洋樂器。形狀扁平，呈葫蘆形。吉他的種類不少，有四弦、六弦、七弦、八弦，還有十弦、十二弦，甚至更多。一般常見六弦，故稱「六弦琴」。

「嶺外音書斷，經冬復歷春；近鄉情更怯，不敢問來人。」

Question 這首詩出自明朝宋之問的《渡漢江》。

網路美女的文化底蘊：（錯）

這首詩出自唐朝宋之問的《渡漢江》。

Question 「非禮勿視，非禮勿聽，非禮勿言，非禮勿動。」出自《論語・顏淵篇》。

網路美女的文化底蘊：（對）

意思是說：「不合於禮的不要看，不合於禮的不要聽，不合於禮的不要說，不合於禮的不要做。」

Question 希臘神話中，從宙斯身體裡生出來的孩子是雅典娜。

網路美女的文化底蘊：（對）

傳說雅典娜是宙斯與聰慧女神墨提斯（Metis）所生，因有預言說墨提斯所生的兒女會推翻宙斯，宙斯遂將她整個吞入腹中，此後宙斯便得了嚴重的頭痛症。包括藥神在內的所有山神試圖實施治療，結果都是徒勞。眾神與人類之父宙斯只好要求火神打開他的頭顱。火神照做了。令奧林匹斯諸神驚訝的是：一位體態婀娜、披堅執銳的女神，竟從裂開的頭顱中走了出來，光彩照人，儀態萬千。她就是智慧與知識

女神雅典娜，雅典的守護神。

「理論是灰色的，只有生命之樹常青。」這句話出自歌德的《浮士德》。

網路美女的文化底蘊：（對）

長篇詩劇《浮士德》是歌德一生最重要的代表作，他的創作延續了將近60年之久。第一部完成於1806年，第二部完成於1831年。詩劇以德國民間傳說為題材，背景是文藝復興之後的德國和歐洲社會，描寫一位新興資產階級的先進知識份子，因不滿現實而竭力探索人生意義和社會理想的過程。

唐代詩人王昌齡曾寫過：「但使龍城飛將在，不教胡馬度陰山。」詩中所提「龍城飛將」指的是岳飛。

網路美女的文化底蘊：（錯）

「龍城飛將」指的是李廣。詩句的意思是：倘若龍城的飛將李廣今日依舊健在，絕不許匈奴度過陰山南下牧馬。

二選一

Question **使用金屬弦的揚琴，是否屬於「絲竹」樂器？**

　　A. 是　　　B. 不是

網路美女的文化底蘊：（A）

　　絲竹樂是指絲弦樂器與竹管樂器所演奏的音樂，屬於傳統國樂，其中揚琴這種絲竹樂器來自於江南。

Question **清初徽調在南方非常盛行，所謂「徽班」就是唱徽調的戲班。乾隆皇帝喜愛戲劇，特召徽班和其他戲班來京表演，並留下來在民間演出。「徽班進京」的藝術感染力，從此對戲曲產生莫大的影響。請問徽劇是以下哪一項傳統戲劇的前身？**

　　A. 湘劇　　　B. 京劇

網路美女的文化底蘊：（B）

　　京劇是清朝光緒年間在北京形成的，其前身是徽劇（俗稱皮黃戲），後發展成戲曲中影響最大的一個戲劇。湘劇則是在湖南逐漸發展成形的戲劇。

請問相聲是來自南方還是北方的戲曲？

　　A. 北方曲種　　　B. 南方曲種

網路美女的文化底蘊：（A）

　　相聲是屬於北方的曲種。相聲是以語言為主要表演手段的喜劇藝術。最初用的是北京話，現今各地都已發展出以當地方言所講的方言相聲。

《孔雀東南飛》裡，劉蘭芝「十三能織素，十四學裁衣，十五彈箜篌，十六誦詩書」，請問，「箜篌」是什麼樂器？

　　A. 撥絃樂器　　　B. 擊絃樂器

網路美女的文化底蘊：（A）

　　「箜篌」是中國古老的彈撥樂器，歷史非常悠久，據考證，流傳至今已有兩千多年的歷史了。箜篌在古代除宮廷樂隊會使用外，在民間也廣泛流傳。

巴金先生是中國近代的著名文學家，他的代表作包括了下列哪一項？

　　A. 《家》、《春》、《秋》

B. 《霧》、《雨》、《電》

網路美女的文化底蘊：（A）

中國近代的著名文學家巴金先生，本名李堯棠，代表作有《家》、《春》、《秋》。

Question **下列哪一部經典可說是中國最古老的詩歌總集？**

A. 三字經　　　B. 詩經

網路美女的文化底蘊：（B）

中國文化歷史悠久，素有詩國之稱，早在2500多年前，我們的祖先就已經開始詩歌的創作，這些古老的作品被集結保存成一部最古老的詩歌總集《詩經》。《詩經》本稱「詩」、「詩三百」、「詩三百篇」。漢代學者尊為經典，故稱《詩經》。

Question **神話是最古老的文學之一，是人類在發展初期，生活及智慧尚未完全開發前，以天馬行空的想像力所創造出來的瑰麗故事。請問以下哪一項不屬於古代神話？**

A. 女媧補天　　　B. 荊軻刺秦王

24

網路美女的文化底蘊：（B）

荊軻刺秦王是真實的歷史故事。荊軻是戰國末期衛國人。在「秦且滅六國，兵以臨易水」之際，被燕太子丹尊為上卿，臨危受命，行刺秦王。不果，被殺。最早見於《戰國策・燕策三》，此文以曲折生動的故事情節成功塑造了這位千古奇士的形象。而神話「女媧補天」歌頌造物主女媧，描述當時人們對天地形成的理解。

estion **「名不正則言不順」是哪一家的思想。**

A. 儒家　　B. 法家

網路美女的文化底蘊：（A）

「名不正則言不順」是儒家思想，另外如：仁者愛人，亦屬於儒家的思想。

estion **中國第一部神話小說是哪一本？**

A. 《西遊記》　　B. 《山海經》

網路美女的文化底蘊：（B）

　　《山海經》是先秦古籍，是最古老的一部富有神話色彩的地理書，主要記述古代地理、物產、神話、巫術、宗教等，也包括古史、醫藥、民俗、民族等方面的內容。有一說認為本書為夏禹所作，這個說法不可信。本書成書並非一時，作者亦非一人，直到西漢時才合編在一起。

Question 　**人們常用「愚公移山」的傳說來形容有恆心、有毅力的人，那麼傳說中愚公移的是哪兩座山？**

　　A. 泰山和黃山　　　B. 太行山和王屋山

　　網路美女的文化底蘊：（B）

　　《愚公移山》中原文是：「太行、王屋二山，方七百里，高萬仞。本在冀州之南，河陽之北。」

Question 　**西洋管弦樂隊中的單簧管是屬於哪一種樂器？**

　　A. 木管樂器　　　B. 鐵管樂器

　　網路美女的文化底蘊：（A）

　　單簧管廣泛應用於管弦樂隊、軍樂隊、爵士樂隊和輕音樂隊等，屬於木管樂器，俗稱黑管。

stion Montage一詞源於法語，原為建築術語，意思是「構成、裝配」的意思。後來被延伸在影像藝術中，請問電影界通常用什麼術語代表Montage？

A. 特技攝影　　B. 蒙太奇

網路美女的文化底蘊：（B）

蒙太奇是指以某種素材為本，構成電影的處理方式。導演、剪輯和音響可以把各個鏡頭畫面按照時間順序連接起來，也可以把一些畫面交錯排列成某種印象或某種聯想，帶出強烈的效果。特技攝影技術的運用很廣泛，如：人或動物的飛騰、倒行逆動、鬼域仙境等，有快速、慢速等非正常攝影方式。近年來，由於電腦技術的介入，特技攝影更是出神入化，達到了另一個顛峰。

estion 最早的古箏與古琴相比，哪一種樂器的弦較多？

A. 古琴　　B. 古箏

網路美女的文化底蘊：（A）

古琴是用一整塊木頭做成的，琴面有七根弦，古稱「七

弦琴」，屬彈撥樂器類。而古箏則由框板、面板和底板構成，最早有5根弦，後來逐漸發展為12、13、16、21弦，現在還有24弦和26弦箏，最普及的為21弦。

三選一

stion **文房四寶是筆、墨、紙、硯四種文具的統稱，無論是書法還是繪畫，都少不了它們。這些文具製作歷史悠久，樣式繁多，歷代都有著名的製品和工匠大師。請問安徽涇縣出產的是哪一種文具？**

　　A. 徽墨　　　　B. 宣紙　　　　C. 湖筆

網路美女的文化底蘊：（B）

　　安徽涇縣（舊屬宣州）以生產紙張揚名；安徽歙縣則以產徽墨著名；浙江吳興則是湖筆的產地。

estion **以下哪一種表演，是在14世紀由中國傳到日本的「散樂」，最後演變為以音樂和舞蹈為主的戲劇形式？**

　　A. 狂言　　　　B. 能樂　　　　C. 猿樂

網路美女的文化底蘊：（B）

　　早在奈良時期，由中國傳到日本的「散樂」，也稱「猿樂」、「申樂」。經過平安時期後，逐漸從單純的俗樂演變為含有多種雜藝的表演藝術。到了14世紀後逐漸向兩個方向

演化，一種演變為以音樂和舞蹈為主的「能樂」，另一種則演變為以科白為主的笑劇「狂言」。

Question **「變臉」是哪一省的戲劇絕活？**

A. 川劇　　　B. 越劇　　　C. 豫劇

網路美女的文化底蘊：（A）

變臉是川劇中塑造人物的一種特技，是揭示劇中人物內心思想感情的一種浪漫主義手法。相傳「變臉」是古代人面對兇猛野獸時，為了生存只好用不同的方式在臉上勾畫出不同形態，以嚇唬入侵的野獸。川劇將「變臉」搬上舞臺，並運用絕妙的技巧發展出這樣一門獨特的藝術。

Question **「雖有天下易生之物也，一日暴之，十日寒之，未有能生者也。」這句話出自那裡？**

A.《孟子》　　　B.《荀子》　　　C.《論語》

網路美女的文化底蘊：（A）

出自先秦孟軻《孟子·告子上》。意思是說：雖然是最容易生長的植物，但曝曬一天再冰凍十天之後，也不可能會

再生長了。比喻學習或工作一時勤奮，一時懶散，沒有恆心
將一事無成。

刺繡是歷史悠久的一項獨特藝術，由於歷代刺繡技術的不同，因而形成各種不同的風格。湘繡以長沙為中心，其風格是以下哪一項？

 A. 豪放，色彩鮮豔，善於表現景物、動物
 B. 圖案秀麗，色彩文雅，針法活潑，繡工精細
 C. 構圖勻稱，繁而不亂，色彩明快

網路美女的文化底蘊：（A）

 刺繡按風格分為蘇繡、湘繡、粵繡、蜀繡等四大類。湘繡素以風格豪放、色彩鮮豔、長於表現景物和動物著稱。其餘兩個選項分別為蘇繡、粵繡（也叫廣繡）的風格。

文學史上備受推重的賦家「枚馬」指的是誰？

 A. 枚皋和司馬遷
 B. 枚乘和司馬相如
 C. 枚皋和司馬相如

網路美女的文化底蘊：（B）

據《漢書‧藝文志》記載，枚乘有賦9篇；司馬相如有賦29篇。這些賦作規模恢弘，鋪陳細膩，虛實並舉，淋漓盡致，具有很高的藝術價值。

Question 羅丹（Auguste Rodin）是19世紀法國最偉大的雕塑藝術家，他的第一件作品是以下哪一項？

　　A. 《沉思者》

　　B. 《傷鼻的男子》

　　C. 《青銅時代》

網路美女的文化底蘊：（B）

羅丹出身貧寒，十幾歲就靠著製作石雕裝飾維持生活。他的第一件作品是《傷鼻的男子（L'homme au nez cass ）》。他的現實主義作品《青銅時代》一問世就引起了激烈的爭論。1880年，他創作出獨具風格的人體雕像《沉思者》。

Question 被稱作「法國號」的樂器是什麼？

　　A. 圓號　　　B. 長號　　　C. 短號

網路美女的文化底蘊：（A）

　　管弦樂器中的法國號又名圓號，是最美觀迷人的樂器之一，也被認為是最難演奏的樂器。銀製（或銅製）的號管長達3.7公尺（12英呎），繞繞成圓形。法國號屬於銅管樂器，音色溫暖柔和，但亦可吹出較高的音調。因為可同時吹出兩種號角的聲音，故又稱為雙號。

京劇中，飾演性格活潑、開朗的青年女性被稱為什麼？

　　A. 青衣　　　B. 花旦　　C. 彩旦

網路美女的文化底蘊：（B）

　　花旦角色多為性格活潑明快或潑辣放蕩的青年或中年女性，與正旦相對應。造型要求嫵媚清麗、嬌憨活潑，多念散白，重做功，重神采，不重唱功但要求唱腔秀麗靈巧。

達文西的肖像畫《蒙娜麗莎》是哪一種繪畫作品？

　　A. 油畫　　　B. 版畫　　　C. 水彩畫

網路美女的文化底蘊：（A）

油畫是用易乾的油料與研磨過的顏料調和後，在亞麻布或木板上所作的畫。油畫展現豐富的色彩效果，蒙娜麗莎的微笑精妙地表達人物的內心感受和微妙表情，更是令億萬人傾倒。而版畫是指木刻、石刻、麻膠版畫等一系列創作方式的總稱。水彩畫則是用毛筆將可溶於水的顏料畫於紙上的創作方式。

Question 岳飛在《滿江紅》中，有一句「笑談渴飲匈奴血」，其中「匈奴」指的是以下哪一族？

A. 匈奴統治者 　　　B. 女真統治者 　　　C. 契丹統治者

網路美女的文化底蘊：（B）

岳飛在滿江紅中寫下「笑談渴飲匈奴血」，但在南宋之前，匈奴這個民族不是已經消失了嗎？那麼岳飛那個時代，哪來的匈奴人呢？其實這是借代的描述手法，以匈奴來代表北方的遼金。

Question 「居安思危」這句話最早出自哪部史書？

A.《左傳》 　　　B.《山海經》 　　　C.《論語》

網路美女的文化底蘊：（A）

居安思危的意思是說：雖然處在平安的環境裡，也要想到隨時可能遭遇危險狀況的可能性，所以應該隨時做好應付意外的心理準備。這句話出自：《左傳‧襄公十一年》：「居安思危，思則有備，有備無患。」

寓言是一種暗藏諷喻或勸誡的獨特文學形式。作者假託故事或擬人手法說明事理，闡述對人生的感受。請問，被韓非拿來譏諷儒家理論「欲以先王之政，治當世之民」太過迂腐，暗喻論證需因時制宜，變化治國之道的是以下哪一個寓言故事？

A.《庖丁解牛》

B.《揠苗助長》

C.《守株待兔》

網路美女的文化底蘊：（C）

《守株待兔》的寓意是：不應把偶然的現象視為必然，單靠狹隘的經驗去判斷，最後可能不僅一無所得，還會犯下不可彌補的錯誤。尤其針對墨守成規、不知變通的人，將會是很好的教訓。另外，《庖丁解牛》是莊子用解牛來論述自己的順乎自然、安然自得、無所作為，意在迴避衝突，尋

求解脫，期望在矛盾和是非的夾縫中得以苟安。而《揠苗助長》則是告訴人們，不僅要了解並尊重大自然的規律，還要按照這樣的規律行事，否則將一事無成。

Question 「大珠小珠落玉盤」所形容的是什麼樂器的彈奏聲？

　　A. 琵琶　　　B. 古琴　　　C. 古箏

　　網路美女的文化底蘊：（A）

　　「大珠小珠落玉盤」出自白居易的《琵琶行》第二段，從「轉軸撥弦三兩聲」到「唯見江心秋月白」共二十二句，描述琵琶女的高超演技。其中「轉軸撥弦三兩聲」，是正式演奏前的調弦試音；而後「弦弦掩抑聲聲思」，「低眉信手續續彈」描述曲調的悲愴，寫出舒緩的行板；「輕攏慢捻抹復挑」，則都是彈奏琵琶的手法。

Question 中國史上最早的白話長篇章回小說是哪一本？

　　A. 《水滸傳》

　　B. 《三國演義》

　　C. 《紅樓夢》

網路美女的文化底蘊：（A）

《水滸傳》又名《忠義水滸傳》，以農民戰爭為主要題材，文學地位極高。

tion **成立於1548年，全世界歷史最悠久的交響樂團是哪一個？**

    A. 維也納愛樂管弦樂團

    B. 波士頓交響樂團

    C. 德勒斯登管弦樂團

網路美女的文化底蘊：（C）

德勒斯登管弦樂團，至今已有450多年的輝煌歷史。這樣一個歌劇院管弦樂團，在其極富傳奇色彩的發展史上，有著不勝枚舉的傲人成績。包括瓦格納、理查‧史特勞斯在內，幾乎大部分著名歌劇家的作品，都是在德勒斯登國立歌劇院管弦樂團的演奏中首演，並流傳後世。

tion **魯迅口中說過，以下哪一部作品是一部「半真半假的書籍」？**

    A. 《晉紀》

    B. 《洛陽伽藍記》

C. 《搜神記》

網路美女的文化底蘊：（C）

《搜神記》這部書，據《隋書·經籍志》、《舊唐書·經籍志》和《新唐書·藝文志》記載原為30卷，流傳到宋代之後，原書便亡佚了。今本《搜神記》共20卷，是由後人綴輯增益而成。

Question **西洋木管樂器中的巴松又稱為什麼？**

A. 大管　　　B. 中管　　　C. 小管

網路美女的文化底蘊：（A）

巴松又名大管。「巴松」二字是義大利文「Bassoon」的音譯，這個字在義大利文中是「一捆柴」的意思。大管（bassoon）為雙簧氣鳴樂器，屬於雙簧管族中的次中音與低音樂器，音域很寬，管體分為5個部分：嘴管、次中音管、U形腔管、低音管、喇叭口。管體總長達254～260公分，管身彎曲成U字形，喇叭口朝上，插接雙簧吹嘴的彎管為一條彎細金屬管。大管在雙簧管族中的作用，既可提供和聲的低音，又能演奏曲調，它和圓號的音色較為和諧，常與之組成和弦。大管音色鼻音濃厚，最低音區bB1～F尤為蒼老。連奏與

斷奏都極其靈便，快速斷音顯得特別詼諧，常表現為幽默的效果，因而大管被稱為樂隊中的「丑角」。

「紅娘」是以下哪部作品中的人物？

A.《西廂記》　　　B.《牡丹亭》　　　C.《桃花扇》

網路美女的文化底蘊：（A）

紅娘的形象藉由《西廂記》開始廣為流傳。紅娘敢與封建禮教鬥爭，促成美滿婚姻，因此她的形象在文學和人們的生活中，都留下深刻的影響。

1977年，美國發射的太空船中載著一張鍍金唱片，其中錄有哪首中國樂曲？

A.《十面埋伏》

B.《二泉映月》

C.《高山流水》

網路美女的文化底蘊：（C）

《高山流水》取材於「伯牙鼓琴遇知音」，有多種譜本。有琴曲和箏曲兩種，兩者同名異曲，風格完全不同。

Question 「七子」是指東漢建安時代文學創作上卓有成就的七位作家，「七子之冠冕」是指其中的誰？

A. 孔融　　　B. 王粲　　　C. 徐幹

網路美女的文化底蘊：（B）

「建安七子」是指：孔融、陳琳、王粲、徐幹、阮瑀、應瑒、劉楨。王粲能詩善賦，與其他六人相比是其中的佼佼者。七子中孔融年輩最高，曾被稱為漢末孔府中的「奇人」，以散文為其文學主要成就。

Question 《格林童話》裡「灰姑娘」的故事大家都不陌生，請問灰姑娘去參加舞會時所坐的馬車是什麼東西變的？

A. 南瓜　　　B. 西瓜　　　C. 冬瓜

網路美女的文化底蘊：（A）

《格林童話》在德國文壇中佔有很重要的一席之地。自1812年問世以來，已被譯成近100種文字，在世界各國廣泛流傳。

代表法國畫壇後印象派的人物是誰？

A. 畢卡索　　　B. 塞尚　　　C. 德拉克洛瓦

網路美女的文化底蘊：（B）

　　塞尚與早期印象派的關係破裂，後來透過和諧簡潔的色彩風格來表現情感和生命，他運用球體、錐體和圓柱體來處理自然現象，形成自己獨特的風格。另外，畢卡索是法國現代畫派的代表；德拉克洛瓦則是法國浪漫主義畫派的代表。

在古代詩歌中被稱為「雙璧」的兩篇詩歌，其中一篇是《孔雀東南飛》，另一篇是什麼？

A. 《木蘭詩》　　　B. 《長恨歌》　　　C. 《琵琶行》

網路美女的文化底蘊：（A）

　　「樂府雙璧」即《木蘭詩》和《孔雀東南飛》。《木蘭詩》又名《木蘭辭》，是北朝民歌；《孔雀東南飛》，是古樂府民歌的代表作之一，也是目前保存下來最早的長篇敘事詩。《木蘭詩》為北朝民歌，也是古典詩歌中不可多得的優秀敘事長詩之一，選自宋代郭茂倩所編的《樂府詩集》，長達三百餘字。

Question　「問世間，情是何物，直教生死相許」語出以下哪一首詩詞？

　　A.《摸魚兒》　　　　B.《浣溪沙》　　　　C《葬花吟》

　　網路美女的文化底蘊：（A）

　　出自元好問的《摸魚兒》。

Question　「白雪公主」這個形象最早來自於以下哪一部書籍？

　　A.《格林童話》

　　B.《安徒生童話》

　　C.《伊索寓言》

　　網路美女的文化底蘊：（B）

　　《安徒生童話》是丹麥作家安徒生的創作。《安徒生童話》中有許多膾炙人口的故事，如：《白雪公主》、《醜小鴨》、《拇指姑娘》、《賣火柴的小女孩》和《國王的新衣》等。

「打油詩」中的「打油」兩字起源是什麼？

A. 人名　　　B. 地名　　　C. 官名

網路美女的文化底蘊：（A）

據載，唐代有一位詩人叫張打油，專愛寫一些淺白通俗的詩，於是後人便常把自己做的詩謙稱為「打油詩」。

「餘音繞梁，三日不絕」本意是稱讚什麼？

A. 歌聲　　　B. 琴聲　　　C. 講學的聲音

網路美女的文化底蘊：（A）

語源於《列子》中的一個故事：周朝時，韓國女歌手韓娥來到齊國，路過雍門時斷了錢糧，無奈只得賣唱求食。她淒婉的歌聲在空中盤旋，如孤雁長鳴。韓娥離去都已經三日，其歌聲仍迴盪在屋樑之間，令人難以忘懷。

中國戲曲臉譜最早出現在隋唐時期的哪種樂曲之中？

A. 雅樂　　　B. 燕樂　　　C. 清商樂

網路美女的文化底蘊：（B）

　　隋唐時期的音樂文化光輝燦爛，繁盛的燕樂便是主要標誌。燕樂是宮廷宴飲享樂時所用的音樂；雅樂是祭祀典禮和朝會中用的；清商樂是三國兩晉南北朝時期由相和歌發展而來的，是融合南北，前承秦江後啟隋唐的一種新風格音樂。

Question **「出人頭地」最初指的是哪位文人高人一籌？**

　　A. 歐陽修　　　B. 蘇軾　　　C. 陸遊

網路美女的文化底蘊：（B）

　　宋朝歐陽修主持科舉考試，看到蘇軾的應試文章十分讚賞，後又讀了蘇軾送來的另一些文章，更加喜愛。歐陽修在給他朋友的信中說：「讀軾書，不覺汗出，快哉快哉！老夫當避路，放他出一頭三地也。」後簡化為「出人頭地」。

Question **「偉大人格的素質，重要的是一個誠字。」這句話是誰說的？**

　　A. 魯迅　　　B. 巴金　　　C. 張愛玲

網路美女的文化底蘊：（A）

　　魯迅，字豫才，原名周樹人，浙江紹興人。是近代偉

大的文學家、思想家、革命家。「魯迅」是他在1918年發表中國現代文學史上頭一篇白話小說《狂人日記》時所用的筆名。

人類最古老的繪畫形式是什麼？

　　A. 帛畫　　　B. 壁畫　　　C. 浮雕畫

網路美女的文化底蘊：（B）

　　壁畫是歷史最悠久的繪畫形式，分為粗地壁畫、刷地壁畫和裝飾壁畫等幾種。在青海藏傳佛教寺院中，壁畫也是必不可少的內容。

神話《白蛇傳》中「白娘娘盜仙草」，盜的是什麼呢？

　　A. 靈芝　　　B. 雪蓮　　　C. 人參

網路美女的文化底蘊：（A）

　　《白蛇傳》中，白娘娘因在重陽節飲雄黃酒，而現出了原形，把許仙嚇死了。她為了救夫，只好去偷採由仙鶴童子看守的靈芝仙草。白娘娘盜仙草指的正是這一段。

四選一

Question 中國四大名硯是指安徽的歙硯、甘肅的洮硯、山東的澄硯和哪裡產的硯呢？

　　A. 陝西的瓦硯　　B. 廣東的端硯

　　C. 四川的石硯　　D. 江西的瓷硯

網路美女的文化底蘊：（B）

　　從唐代起，端硯、歙硯、洮河硯和澄泥硯被並稱為「四大名硯」，其中尤以端硯和歙硯為佳。

Question 提出「詩者，根情，苗言，華聲，實義」這一名言的詩人是誰？

　　A. 韓愈　　　B. 白居易　　　C. 杜甫　　　D. 蘇軾

網路美女的文化底蘊：（B）

　　「詩者，根情，苗言，華聲，實義。」這一名言出自白居易《與元九書》。意思是說：詩這個東西，感情是它的根本，語言是它的苗葉，聲音是它的花朵，思想是它的果實，

以樹來比喻詩中各個要素的地位和作用。華同「花」的意思。

stion **下面哪一句是林黛玉《葬花吟》的最後一句**

    A. 伴月願作一顆星　　　B. 柳絲榆莢自芳菲

    C. 紅消香斷有誰憐　　　D. 花落人亡兩不知

網路美女的文化底蘊：（D）

《葬花吟》是林黛玉感嘆身世遭遇的悲苦之作，也是作者曹雪芹藉以塑造的角色形象，表現其憂鬱柔弱的性格特質。這首詩和《芙蓉女兒誄》一樣，是作者摹寫的文字，風格上仿效初唐體的歌行，在抒情上淋漓盡致，是很成功的藝術創作。

estion **中國四大奇書指的是四部很有名的章回小說，即《三國演義》、《水滸傳》、《金瓶梅》和《西遊記》。四大奇書之稱起源於清代李漁（號笠翁）在芥子園所刻印的上述四種書。此外哪部書又被稱為第一奇書，並在書名旁冠以「第一奇書」字樣？**

    A.《三國演義》　　　　B.《水滸傳》

C.《西遊記》　　　　D.《金瓶梅》

網路美女的文化底蘊：（D）

《金瓶梅》是中國小說史上第一部文人獨立創作的長篇白話世情小說，對後代的小說創作與文化轉變產生很大的影響，在中國文學史上具有重要地位。不幸的是，有很長一段時間《金瓶梅》都被認為是誨淫穢書，因而被列為禁書。在中國古典小說中，《水滸傳》以誨盜聞名，而《金瓶梅》卻是以誨淫而著稱於世。這二本書均算得上是天下絕無僅有的奇書。

Question **五線譜是被各國普遍採用的記譜法，它的發明使幾百年前許多不朽的名作得以流傳下來。請問五線譜是由哪國人發明的呢？**

A. 希臘　　　B. 義大利　　　C. 德國　　　D. 法國

網路美女的文化底蘊：（B）

在11世紀時，義大利人發明了五線譜，後來又經過其他人的補充，使五線譜更加完善。

「冬天到了，春天還會遠嗎」這句話是誰說的？

A. 席勒　　B. 雪萊　　C. 歌德　　D. 徐志摩

網路美女的文化底蘊：（B）

英國詩人雪萊（Percy Bysshe Shelley），是一位知名的英國浪漫主義詩人。主要作品有《西風頌Ode To The West Wind》、《麥布女王Queen Mab》、《伊斯蘭的反叛 The Revolt of Islam》、《解放的普羅米修士Prometheus Unbound》和《倩契The Cenci》等。

《簡‧愛》和《呼嘯山莊》的作者是什麼關係？

A. 姐妹　　B. 兄弟　　C. 兄妹　　D. 姐弟

網路美女的文化底蘊：（A）

19世紀英國出現兩位非常了不起的作家，她們就是勃朗特家族的夏綠蒂和艾蜜莉兩姐妹。她們分別以《簡‧愛》和《呼嘯山莊》在英國文學史上佔據了不可動搖的地位。

古代小說《牡丹亭》又被稱為什麼？

A. 西廂記　　B. 還魂記

C. 邯鄲記　　　D. 南柯記

網路美女的文化底蘊：（B）

《牡丹亭》又名《還魂記》，或稱《牡丹亭還魂記》，是湯顯祖劇作中成就最高的作品，他也說：「一生四夢，得意處唯在牡丹。」

Question 《悲慘世界》的主人翁尚萬強（Jean Valjean，又譯冉阿讓）因為偷了什麼東西而服了19年的苦役？

A. 一瓶葡萄酒　　　B. 一杯牛奶
C. 一片麵包　　　D. 一塊餅乾

網路美女的文化底蘊：（C）

《悲慘世界》劇情簡介：尚萬強為了幾個快要餓死的孩子偷了一塊麵包，因而服刑19年，直到滑鐵盧戰役那年才獲釋。出獄後因其身份屢遭冷眼，求助無門，幸而遇見樂善好施的米里艾大人拯救了他。

Question 「落霞與孤鶩齊飛，秋水共長天一色」描寫的是哪裡的景色？

A. 蓬萊閣　　B. 滕王閣

C. 嶗山　　　D. 百花洲

網路美女的文化底蘊：（B）

　　滕王閣之所以享有盛名，歸功於一篇膾炙人口的散文《滕王閣序》。傳說當時詩人王勃探親路過南昌，正好趕上閣都督重修滕王閣落成，在閣上大宴賓客。王勃當場一口氣寫下這篇令在座賓客讚服的《秋日登洪府滕王閣餞別序》。（即《滕王閣序》）。

Question **中國四大名著之一的《西遊記》，一共有多少回？**

A. 95　　　　B. 100　　　　C. 120　　　　D. 130

網路美女的文化底蘊：（B）

　　《西遊記》全書100回，大致可分為兩個故事。第1至7回，寫孫悟空出世至大鬧天宮的過程，描述孫悟空對自由的無限追求，最終失敗的悲劇，表現出人性的自由本質與現實生活的約束與矛盾處境。第8至100回寫唐僧師徒歷經八十一難，終於到達西天大雷音寺取經。隱喻人必須經歷艱難，才能最終獲得幸福與成功的真諦。

Question 高爾基是蘇聯作家阿列克塞·馬克西耶維奇·彼什科夫的筆名。請問「高爾基」的俄文原意是什麼？

A. 幸福　　　B. 痛苦　　　C. 幽默　　　D. 智慧

網路美女的文化底蘊：（B）

「高爾基」俄文原意是「巨大的痛苦」。這個筆名正是這位年輕作家歷經苦難與不幸的寫照。最終，這個名字伴隨著他走過了一生的風風雨雨，並使他成為俄羅斯無產階級大文豪。高爾基這個名字傳遍了全世界，響徹整個文壇！

Question 世界流行音樂十大流派中，下列哪一項有著「演唱時不加任何修飾，有時近乎乾喊」的特色？

A. 鄉村音樂　　　B. 黑人音樂

C. 歌妓音樂　　　D. 通俗流行音樂

網路美女的文化底蘊：（C）

答案是歌妓音樂。鄉村音樂起源於美國西海岸，歌唱時只有吉他伴奏，曲調抒情；黑人音樂取材於黑人靈魂樂，節奏較強；通俗流行音樂則是集各流派之大成，曲調樸實。

estion 希臘神話中，愛神丘比特身上背了兩支箭，一支是金箭，另一支是什麼箭？

    A. 金箭　　　B. 鐵箭　　　C. 銀箭　　　D. 鉛箭

網路美女的文化底蘊：（D）

　　希臘神話裡，愛神丘比特身上背了兩支箭，一支金箭，一支鉛箭。傳說被金箭射中的人就會滋生愛苗，情愛如癡；被鉛箭射中的人就會反目成仇，恨之入骨。

estion 拉丁美洲作家馬奎斯的《百年孤寂》是一部什麼作品？

    A. 魔幻寫實主義　　　B. 批判現實主義

    C. 浪漫主義　　　　　D. 現代主義

網路美女的文化底蘊：（A）

　　馬奎斯這部作品曾獲得1982年的「諾貝爾文學獎」。魔幻寫實主義是20世紀中期拉丁美洲小說的創作流派。

estion 世界上最長的敘事長詩是什麼作品？

    A.《孔雀東南飛》　　　B.《格薩爾王傳》

C. 《詩經》　　　　　　　D. 《昭明文選》

網路美女的文化底蘊：（B）

《格薩爾王傳》是藏族長篇英雄史詩，也是迄今為止世界上最長的敍事詩。它主要流傳於藏族地區。在蒙古族、土族、納西族以及不丹、尼泊爾等國家的某些地區也有流傳。《格薩爾王傳》是藏族同胞世代創造的藝術精品。全書約一百多部，總共一百多萬行詩，其中比較重要的大約有三十多部。這部史詩內容主要在敍述格薩爾一生的豐功偉業。

Question　**李清照的《如夢令》裡說到「綠肥紅瘦」，請問這是描寫什麼季節的景象？**

A. 晚春　　　B. 盛夏　　　C. 初秋　　　D. 寒冬

網路美女的文化底蘊：（A）

這首詞描寫晚春將要入夏的情景，表達出詞人傷春惜春的意境。「綠」指葉，「紅」指花，「肥」形容雨後的葉子因水分充足而茂盛肥大，「瘦」形容雨後的花朵因不堪雨打而凋謝稀少。由這四個字開始聯想，「紅瘦」代表春天的漸漸消逝，「綠肥」就象徵著綠葉成蔭的盛夏即將來臨。

stion 好萊塢是世界電影的大本營。請問「好萊塢」一詞最初的含義是什麼？

    A. 迷人的碼頭　　B. 美人窩

    C. 冬青樹之林　　D. 電影夢幻工廠

網路美女的文化底蘊：（C）

    好萊塢位於美國加利福尼亞州洛杉磯市郊區，是美國著名的電影生產基地。1886年，房地產商哈威‧維克特斯在洛杉磯郊區買下了一塊地，維克特斯夫人從蘇格蘭運來的大批冬青樹栽種在這裡。在英語中，Hollywood就是冬青樹林的意思，於是就有了Hollywood（好萊塢）這個名字。

stion 樂曲《十面埋伏》是哪種樂器的獨奏曲？

    A. 二胡　　　B. 小提琴　　　C. 琵琶　　　D. 笛子

網路美女的文化底蘊：（C）

    《十面埋伏》是著名琵琶套曲，這首樂曲的前身是明代的《楚漢》。內容描繪楚漢相爭時垓下之戰的情景，故事性極強。

Question 電影《鐵達尼號》的插曲中，主奏樂器是什麼？

A. 長笛　　　　　　B. 排簫

C. 蘇格蘭風笛　　　D. 單簧管

網路美女的文化底蘊：（C）

早在15世紀，蘇格蘭風笛這種樂器就在歐洲各國出現了。風笛演奏的曲譜豐富多彩，既有高雅古典的變奏曲，也有促進人心的進行曲，令古往今來無數聽眾聽得心癡神迷。

Question 迪斯可最初起源於哪一個國家？

A. 法國　　　B. 美國　　　C. 義大利　　　D. 英國

網路美女的文化底蘊：（A）

迪斯可最初起源於法國巴黎，這種舞並沒有固定舞步，盡情揮灑的舞蹈方式非常適合當時的青年男女。他們總是半夜三更在酒吧裡相聚，用勁歌狂舞來宣洩過剩的精力。

Question 京劇中的臉譜使人物的性格一目了然。一般而言，紅色臉譜代表哪一種角色？

A. 耿直　　B. 奸邪　　C. 忠勇　　D. 圓滑

網路美女的文化底蘊：（C）

　　一般以紅色臉譜代表忠勇（如：關羽）；黑色臉譜代表耿直（如：包拯、張飛）；白色臉譜代表奸邪（如：曹操）。

Question

五線譜是用5條平行的橫線來記述音符，最下面那條線叫「第一線」，第一線與第二線之間叫作什麼？

A. 「第一間」　　B. 「第二間」
C. 「第三間」　　D. 「第四間」

網路美女的文化底蘊：（A）

　　五線譜的每一條線以及線與線之間的空間都有名稱。自下而上分別稱為第一線、第二線、第三線、第四線、第五線和第一間、第二間、第三間、第四間。線和間如果不夠使用，可在五線譜上方或下方增加線和間。加線及加間各分別稱為上加第一線、上加第一間，下加第一線、下加第一間等，各代表一個音階。

Question 美國的「奧斯卡」電影獎是世界上歷史最悠久，影響最廣大的國際電影獎，「奧斯卡」這個名稱原來是什麼呢？

　　A. 地名　　　B. 人名　　　C. 電影片名　　　D. 學院名

網路美女的文化底蘊：（B）

　　1931年時，有一位女士發現被用來作為電影獎盃的雕像很像她的叔叔奧斯卡，於是脫口喊出了叔叔的名字，從此被傳開。

Question 歌劇誕生於哪個國家？

　　A. 義大利　　　B. 法國　　　C. 德國　　　D. 英國

網路美女的文化底蘊：（A）

　　歌劇是一種綜合音樂、戲劇、舞蹈的藝術形式，它起源於16世紀末期義大利的佛羅倫斯。

Question 古代六藝，「禮、樂、射、御、書、數」中的「御」是指什麼？

　　A. 武術　　　B. 種花　　　C. 下棋　　　D. 駕車

網路美女的文化底蘊：（D）

禮（禮儀）、樂（音樂）、射（射箭）、御（駕車）、書（識字）、數（算術）。「御」在過去是「士人」的基本技能，因為當時戰馬和戰車的多寡，與國力強弱息息相關。孔子在授課時也會把「御」當作很重要的內容之一。

Question **中國十大古曲中，哪一首表現的是古代受壓迫宮女的幽怨悲泣情緒，喚起人們對她們不幸遭遇的同情？**

  A.《廣陵散》   B.《雁落平沙》

  C.《夕陽簫鼓》 D.《漢宮秋月》

網路美女的文化底蘊：（D）

《廣陵散》是漢魏時期相和楚調之一，當時嵇康因反對司馬氏專政而遭到殺害，臨刑前從容彈奏出此曲以表寄託。《雁落平沙》透過時隱時現的雁鳴，描寫雁群穩降前在天際盤旋顧盼的景象。《夕陽簫鼓》是一首抒情曲，旋律優美流暢。1925年前後，此曲被改編成絲竹曲樂《春江花月夜》。所以本題答案是《漢宮秋月》。

Question **電影《冰山上的來客》中所彈奏的「冬不拉」是哪個民族的**

傳統樂器？

A. 哈薩克族　　B. 維吾爾族

C. 塔吉克族　　D. 俄羅斯族

網路美女的文化底蘊：（A）

冬不拉是哈薩克民間最流行的傳統樂器。冬不拉的類型繁多，大都由整塊松木或樺木製成，雕刻精細，鑲嵌美觀。冬不拉的形式有兩種：一種音箱是三角形，哈薩克以近代大詩人阿巴衣命名，叫「阿巴衣冬不拉」；另一種音箱是橢圓形，以哈薩克民間著名人物阿肯江布林命名，叫「江布林冬不拉」。這兩種冬不拉外形不同，音色也各有千秋。

Question | **手鼓是來自哪個地區的打擊樂器？**

A. 新疆　　B. 雲南　　C. 內蒙古　　D. 西藏

網路美女的文化底蘊：（A）

手鼓也叫達蔔，因為用手敲擊時發出像「達」、「蔔」兩種聲音而得名，是新疆地區少數民族的打擊樂器。以桑木做出木框，單面蒙上羊皮或蟒皮，框內側綴有小鐵環。演奏時雙手扶框，除拇指外，其他各指均可以拍擊鼓面。

estion 「廣告」一詞來自哪一個語言？

    A. 英文   B. 義大利文

    C. 阿拉伯文   D. 拉丁文

網路美女的文化底蘊：（D）

「廣告」一詞原意是「大喊大叫」，傳說古羅馬商店常常雇一些人在街頭大喊大叫，引得大家到商品陳列處購買商品，因而得名。

estion 圓舞曲又稱華爾滋，它起源於哪個國家？

    A. 奧地利   B. 義大利

    C. 匈牙利   D. 西班牙

網路美女的文化底蘊：（A）

圓舞曲又名華爾滋，是一種三拍子的舞曲，起源於奧地利的民間舞蹈。起初流行於維也納的舞會上，19世紀始風行歐洲。

estion 「心比天高，身為下賤」是《紅樓夢》中對哪個角色的判

詞？

A. 晴雯　　　B. 襲人　　　C. 黛玉　　　D. 惜春

網路美女的文化底蘊：（A）

「心比天高，身為下賤，風流靈巧招人怨。壽夭多因誹謗生……」這幾句判詞寫盡了晴雯的一生。

Question 金庸小說其中一部書名為《天龍八部》，請問這個書名含義為何？

A. 武術招式　　　B. 佛教名詞

C. 宗教派別　　　D. 人物綽號

網路美女的文化底蘊：（B）

《天龍八部》一開始就有解釋：八部者，一天，二龍，三夜叉，四乾達婆，五阿修羅，六迦樓羅，七緊那羅，八摩羅迦。

Question 以下哪一個選項可稱為中華文化中「人類學研究的文本」？

A. 儺戲　　　B. 湘劇　　　C. 巴陵戲　　　D. 荊河戲

網路美女的文化底蘊：（A）

儺戲是由儺祭、儺舞發展起來的戲曲樣式，不僅將宗教與藝術結合，藉以娛神娛人，並且充滿古樸、原始、獨特的風格。儺戲一直在民間傳承，成為儺文化的重要證據。由於儺戲包含著許多人類原始文化的資訊，因此被專家稱為「研究文化和人類學的文本」。

「慘澹經營」是形容為了從事某項事業，煞費苦心去謀劃。但這個成語最初指的其實是什麼？

　　A. 軍事布政　　　B. 政治謀略
　　C. 舞蹈表演　　　D. 繪畫構思

網路美女的文化底蘊：（D）

杜甫的《丹青引贈曹霸將軍》描述盛唐著名畫馬大師曹霸為唐玄宗的御馬花玉驄作畫，其中寫道：「先帝天馬玉花驄，畫工如山貌不同。是日牽來赤墀下，迴立閶闔生長風。詔謂將軍拂絹素，意匠慘澹經營中。斯須九重真龍出，一洗萬古凡馬空。」文中「慘澹」同慘淡，黯淡無色的意思。意思是說作畫前，只以淺色勾勒出輪廓後，便落筆揮灑地畫了出來。

Question 「一問三不知」中的「三不知」最早是指哪「三不知」？

A. 天、地、人

B. 鄰里、親朋、好友

C. 儒、釋、道三教

D. 事情的開始、經過、結果

網路美女的文化底蘊：（D）

這句話的出處是《左傳‧哀公二十七年》：「君子之謀也，始中終皆舉之，而後入焉。今我三不知而入之，不亦難乎？」而「一問三不知」就是從這裡概括出來的，它的原意是對某事的開始、發展、結果都不知道。如今多用來表示對實際情況的一無所知。

Question 「不以規矩，不能成方圓」是誰說的？

A. 孔子　　　B. 老子　　　C. 荀子　　　D. 孟子

網路美女的文化底蘊：（D）

孟子說，「離婁之明，公輸子之巧，不以規矩，不能成方圓」。傳說中離婁是一個視力非常好的人，能在百步以外

看清楚一根毫毛的末端；公輸子就是魯班；規是指圓規，矩就是折成直角的曲尺，尺上有刻度。孟子的意思是說：即便有離婁的視力，有魯班的技巧，如果不用圓規或曲尺，也不能正確地畫出圓形或方形。

《伊索寓言》中的伊索是來自哪裡的寓言家？

　　A. 埃及　　　B. 伊索比亞　　　C. 希臘　　　D. 羅馬

　　網路美女的文化底蘊：（C）

　　《伊索寓言》是一部寓言故事集。相傳伊索是西元前6世紀古希臘人，善於講述動物故事。現存的《伊索寓言》是古希臘羅馬時代流傳下來的故事，經後人彙集，統歸在伊索寓言裡。

元朝白樸所著的《牆頭馬上》屬於什麼類型的雜劇？

　　A. 武俠　　　B. 言情　　　C. 戰爭　　　D. 倫理

　　網路美女的文化底蘊：（B）

　　元朝白樸所著的《牆頭馬上》是一部具有濃厚喜劇色彩的愛情戲，內容描繪女子大膽地追求愛情，勇敢地向封建家

族挑戰，努力追求婚姻自由的故事。

Question **《三十六計》是一部表現兵家謀略的有名兵書，其中第一計是什麼？**

A. 走為上策　　B. 空城計

C. 美人計　　　D. 瞞天過海

網路美女的文化底蘊：（D）

「走為上」是第三十六計；「空城計」是第三十二計；「美人計」是第三十一計。

Question **「暗香疏影」形容哪一種花的香味和姿態？**

A. 梨花　　B. 梅花　　C. 菊花　　D. 蓮花

網路美女的文化底蘊：（B）

此句原形容梅花的香味和姿態，後被引申為梅花的代稱。「暗香疏影」出處自宋林逋《林和靖集・卷二・山園小梅》：「疏影橫斜水清淺，暗香浮動月黃昏。」

ion 世界上第一個出現在電視螢屏上的形象是：

    A. 一隻貓   B. 一個掛鐘

    C. 一個木偶頭   D. 一位年輕的小夥子

網路美女的文化底蘊：（C）

1925年蘇格蘭發明家約翰・羅傑・貝爾德（John Logie Baird）用機械方法掃描了一個木偶的頭部，他欣喜地發現，木偶頭出現在另一間屋裡的螢幕上，此後貝爾德電視系統終於研發成功了。

ion 動畫電影《寶蓮燈》當中，「二郎神」和主人翁「沉香」的關係是什麼？

    A. 舅舅   B. 叔叔   C. 伯伯   D. 堂兄

網路美女的文化底蘊：（A）

《寶蓮燈》劇情簡介：主人翁沉香生活在一個小鎮上。一日忽然發現自己身上具有「法力」，能穿牆而過。原來是當年母親三聖母違反了天條和父親結合，現在已不知去向。破壞父母婚姻的人，原來正是他的舅舅二郎神。

Question 「後來居上」原來是説後生在哪方面超過了前輩？

A. 官職　　　B. 繪畫　　　C. 武藝　　　D. 書法

網路美女的文化底蘊：（A）

這句話的出自於西漢司馬遷《史記・汲鄭列傳》。汲黯對漢武帝説：「陛下用群臣，如積薪耳，後來者居上。」

Question 《紅樓夢》中描述：「才自精明志自高，生於末世運偏消。」指的是哪一個角色？

A. 薛寶釵　　　B. 探春　　　C. 王熙鳳　　　D. 襲人

網路美女的文化底蘊：（B）

探春是賈府的三小姐，賈政之妾趙姨娘之女。「才自精明志自高」，指的是她的志向高遠，精明能幹，不被富貴蒙昏了頭。「生於末世運偏消」，寫她生於封建社會衰亡的末世，又是庶出的不幸。探春因此「才」「志」不能得到充分發揮，真是可惜。

Question 浪漫主義是18至19世紀上半，西方社會裡的一種思潮文化流派，最先發跡於哪裡？

A. 法國　　　B. 英國　　　C. 俄國　　　D. 德國

網路美女的文化底蘊：（D）

首次提出浪漫主義的是席勒（Schiller）。席勒在《論素樸的與感傷的詩》（1796年）一文中，探討了古典主義（素樸的詩）與浪漫主義（感傷的詩）的起源和區別。認為古典主義是「對現實盡可能完滿的模仿」，而浪漫主義則是「把現實提升到理想，或者說，理想的表現」。

「音樂神童」是指哪個音樂家？

A. 貝多芬　　　B. 莫札特　　　C. 巴赫　　　D. 舒伯特

網路美女的文化底蘊：（B）

在歐洲音樂史中，自幼便顯示出音樂才幹者並不罕見。但像莫札特那樣早熟的奇才，能在那樣小的年齡便被公認為「神童」的音樂家，卻是萬中無一。他3歲就能用鋼琴彈奏許多他所聽過的樂曲片斷，5歲就能準確無誤地辨別任何樂器上奏出的單音、雙音、和弦的音名，甚至可以輕易地說出杯子、鈴鐺等器物碰撞時所發出的音高。如此的絕對音感，是絕大多數職業樂師一輩子都達不到的。

Question 「此花開盡更無花」是出自於哪一首詩？

A. 《菊花》　　　　B. 《梅花》

C. 《桃花》　　　　D. 《梨花》

網路美女的文化底蘊：（A）

出自唐人元稹的《菊花》。全詩：「秋叢繞舍似陶家，遍繞籬邊日漸斜。不是花中偏愛菊，此花開盡更無花。」

Question 最早來到中國放映電影的是哪個國家的人？

A. 英　　　B. 美　　　C. 法　　　D. 德

網路美女的文化底蘊：（B）

1896年8月11日，電影誕生不到半年便傳到了中國。上海徐園的雜耍遊樂場買進了幾部法國影片，並在遊樂場中放映。人們立刻被這種新奇的玩意兒給吸引住了，認為電影是「開古今未有之奇，泄造物無窮之秘」。第二年的夏天，1897年7月，美國人來到上海放映電影。1899年，西班牙人雷瑪斯首先將一些有簡單情節的故事短片拿到中國來放映，後來也成了第一個在中國人的領土內經營電影院的商人。

「無中生有」是三十六計中的什麼計？

A. 勝戰計　　　B. 敵戰計

C. 攻戰計　　　D. 混戰計

網路美女的文化底蘊：（B）

「無中生有」是「三十六計」中的第七計「敵戰計」中的第一計。

越劇是哪個地區的戲種？

A. 江蘇　　　B. 湖北　　　C. 浙江　　　D. 北京

網路美女的文化底蘊：（C）

越劇誕生於1906年，時稱「小歌班」。其前身是浙江嵊縣一帶流行的說唱藝術──落地唱書。表演者都是半農半藝的男性農民，曲調沿用唱書時的吟哦調，以人聲幫腔，無絲弦伴奏，劇碼多為民間小戲，經常在浙東鄉鎮演出。1910年小歌班進入杭州，1917年到達上海。

歌劇《杜蘭朵》的故事背景發生在中國的哪一個朝代？

A. 唐朝　　　B. 宋朝　　　C. 元朝　　　D. 清朝

網路美女的文化底蘊：（C）

《杜蘭朵Turandot》是義大利劇作家卡洛戈奇（Carlo Gozzi）在18世紀末葉創作的劇本。以元朝為背景，講述一個愛情與權力的故事。

Question **很多古代文學家被後人並稱，比如：李白和杜甫就被後人並稱為「李杜」，請問以下哪一位不屬於「三蘇」？**

A. 蘇洵　　　B. 蘇軾　　　C. 蘇轍　　　D. 蘇乞兒

網路美女的文化底蘊：（D）

「三蘇」是北宋文學家蘇洵和他兒子蘇軾、蘇轍的合稱，其中以蘇軾的成就最高。

Question **命運交響曲是貝多芬的第幾交響曲？**

A. 第三　　　B. 第五　　　C. 第六　　　D. 第九

網路美女的文化底蘊：（B）

貝多芬的《命運交響曲》原名《第五交響曲》，這是一

部充滿哲理的樂章，也是最能代表貝多芬藝術風格的作品。

ion **《詩經》中的精華是哪一個部分？**

    A.「風」   B.「大雅」

    C.「頌」   D.「小雅」

網路美女的文化底蘊：（A）

「風」是《詩經》的精華，多出自民間，以抒情為主，內容真實反映人民的生產活動、生活以及健康淳樸的愛情。「大雅」多敍述祖先的史跡和武功，有些篇章帶有史詩性質。「小雅」大部分出自貴族文人之手，內容以政治諷喻詩為主。「頌」的內容以歌功頌德為主，文學價值不大，但具有一定的歷史價值。

最早的校園歌曲出現在哪一個國家？

    A. 日本   B. 中國   C. 美國   D. 德國

網路美女的文化底蘊：（A）

最早的校園歌曲出現在日本。明治維新之前，日本的音樂大多是雅樂，曲調冗長沉悶，只有貴族才有時間欣賞，引

起學生的不滿。後來，文部省基於學校沒有音樂教材的情況下，發動社會創作了一些適合學生唱的歌。於是，反映校園生活的歌曲便應運而生。

Question **《小蝌蚪找媽媽》是一部什麼類型的動畫片？**

A. 水墨　　　B. 油畫　　　C. 皮影　　　D. 木偶

網路美女的文化底蘊：（A）

《小蝌蚪找媽媽》是水墨動畫的代表作之一，取材於齊白石的魚蝦形象。

Question **李白在《秋浦歌》一詩中，稱自己的白髮有多長？**

A. 三千丈　　　B. 三千尺

C. 三萬丈　　　D. 三萬尺

網路美女的文化底蘊：（A）

李白的《秋浦歌》中有詩句：「白髮三千丈，緣愁似個長；不知明鏡裡，何處得秋霜？」意思是說，自己愁白了頭髮，憂愁就像三千丈白髮那樣長。

Question **交響樂通常由幾個樂章組成？**

A. 3　　　B. 4　　　C. 5　　　D. 6

網路美女的文化底蘊：（B）

交響樂通常由四個樂章組成。第一樂章通常採用快板的奏鳴曲式，表現人們的鬥爭充滿戲劇性。第二樂章通常是抒情的慢板，內容往往與深刻的內心感覺及哲學思考有關。第三樂章通常為中速的舞曲或諧謔曲。第四樂章大多採用快板的迴旋曲或迴旋奏鳴曲式，表現群眾生活與風俗。

Question **「圓舞曲之王」約翰‧史特勞斯與「圓舞曲之父」老約翰‧史特勞斯是什麼關係。**

A. 兄弟　　　B. 父子　　　C. 師徒　　　D. 叔侄

網路美女的文化底蘊：（B）

老約翰‧史特勞斯被譽為「圓舞曲之父」，他的圓舞曲引領著奧地利民間舞曲和專業傳統，對他的兒子小約翰‧史特勞斯的創作影響很大。

75

Question 歌曲《櫻花》是哪個國家的民歌？

A. 美國　　　B. 法國　　　C. 中國　　　D. 日本

網路美女的文化底蘊：（D）

櫻花是日本的國花，《櫻花》這首歌是日本最著名的民歌之一。

Question 被譽為「藝術之母」的是哪一種藝術？

A. 繪畫　　　B. 戲劇　　　C. 雕塑　　　D. 舞蹈

網路美女的文化底蘊：（D）

舞蹈被譽為「藝術之母」，是人類社會中最早創造的藝術形式之一，幾乎和人類同時誕生。有學者說過：「任何一個民族，哪怕是最原始民族的打鬥，都可以是舞蹈的展現。」舞蹈的存在總是先於語言文字。

Question 簡譜中的休止符是停頓、換氣的意思，請問以下哪個符號表示休止符？

A. 「‥」　　　B. 「︿」　　　C. 「─」　　　D. 「0」

網路美女的文化底蘊：（D）

「‥」記號表示附點音符；「⌢」表示連接點；「一」隔在小節與小節之間表示節拍。

被稱為「東方芭蕾」的中國民間歌舞藝術是以下哪一項？

　　A. 花鼓燈　　　　B. 鳳陽花鼓

　　C. 東北高蹺　　　D. 跑旱船

網路美女的文化底蘊：（A）

　　花鼓燈是一項歌舞藝術，源於宋代，集民間藝術之大成，融舞蹈、鑼鼓、歌曲、戲劇於一身，素以節奏明快，熱烈奔放，舞姿優美，表演細膩，富有藝術魅力而著稱，是漢族民間舞蹈的典範，也是淮河文化的代表之一。

「煮豆燃豆萁，豆在釜中泣。本是同根生，相煎何太急？」這首《七步詩》的作者是誰？

　　A. 曹植　　　B. 曹操　　　C. 曹丕　　　D. 曹禺

網路美女的文化底蘊：（A）

　　曹植的哥哥曹丕做了皇帝後，總想要迫害曹植。有一

次他命令曹植在七步之內作出一首詩，作不出來就要殺頭。結果曹植果然在七步以內吟出這首《七步詩》，以「其豆相煎」作為比喻，控訴曹丕對自己和其他兄弟的殘酷迫害。

Question **印象派繪畫表現重點在於以下哪一項？**

A. 明暗、空間　　B. 光色效果

C. 肌理效果　　D. 誇張的色彩

網路美女的文化底蘊：（B）

印象派繪畫特點在於光與色的表現。這一畫派大師們，根據當時自然科學中關於光和色的原理，把眼睛所看到的現實世界轉換成由光和色所組成，展現出瞬息萬變的世界。用原色並列或重疊及補色對比的手法，表達「瞬間」的光色印象。

Question **下列樂器中不屬於中國民族樂器的是哪一項？**

A. 二胡　　B. 揚琴　　C. 小號　　D. 簫

網路美女的文化底蘊：（C）

小號是西洋樂器中的銅管樂器。揚琴、二胡和簫則是中

國的民族樂器,其中揚琴是彈撥樂器,二胡是拉弦樂器,簫
是吹管樂器。

「諾貝爾文學獎」得主海明威的著名小說《戰地鐘聲For Whom the Bell Tolls,(或譯:喪鐘為誰而鳴)》是以哪次戰爭為背景?

    A. 第一次世界大戰   B. 第二次世界大戰

    C. 西班牙內戰   D. 美西戰爭

網路美女的文化底蘊:(C)

發生在1936年初秋到1939年春的西班牙內戰,早已為人們所淡忘,然而實際上西班牙內戰包含了極重要的歷史意義,代表著第二次世界大戰歐洲戰線的序幕,是全世界進步的力量和德意志法西斯政權之間的第一次較量。描述這一頁歷史的文學作品為數不多,而今尚為人所推崇的文學閱讀作品,恐怕就只有這一部《戰地鐘聲》了吧。

美術的基本表現方式是什麼?

    A. 明暗、透視   B. 點、線、面、色

    C. 筆法、章法   D. 構圖、肌理

網路美女的文化底蘊：（B）

美術的表現方法非常多樣化，構成美術的表現方法也非常豐富。簡而言之，點、線、形、色、肌理等，可說是美術形式的基本表現方法。再透過造型、構成等一系列技巧，把各類基本要素綜合在一起，展現出其他事物所不具有的獨特美術形式。

Question 以下哪一句成語典故的主角是孔子？

A. 韋編三絕　　　B. 牛角掛書

C. 漢書下酒　　　D. 下幃讀書

網路美女的文化底蘊：（A）

古時候的書是在竹簡上刻字，再用繩子把一根根竹簡串起來組成書籍。「韋編三絕」的故事是描述孔子刻苦讀書，甚至曾三次把竹簡給翻斷了。

Question 古箏也叫做什麼？

A. 秦箏　　　B. 秦琴　　　C. 弦箏　　　D. 十弦琴

網路美女的文化底蘊：（A）

　　古箏是一種古老的傳統民俗樂器，早在戰國時期就已經流行於秦國（相當於今天的陝西），所以也有人稱之為秦箏。

繪畫最起初的功能是什麼？

　　A.「使民知神奸」　　　B. 以形寫神

　　C. 存形莫善於畫　　　　D. 遷想妙得

網路美女的文化底蘊：（C）

　　在中國文化史上，繪畫是一個很重要的元素，是保存記錄最原始的方法。正如陸機所言：「宣物莫大於言，存形莫善於畫。」

「盛年不再來，一日難再晨。及時當勉勵，歲月不待人。」
這首詩的作者是誰？

　　A. 陶淵明　　　B. 李白　　　C. 李牧　　　D. 蘇軾

網路美女的文化底蘊：（A）

　　這是陶淵明的詩。全詩為：「人生無根蒂，飄如陌生

塵。分散逐風轉，此已非常身。落地皆兄弟，何必骨肉親。得歡當做樂，鬥酒聚比鄰。盛年不再來，一日難再晨。及時當勉勵，歲月不待人。」

Question 《魯賓遜漂流記》取材自真人真事，請問書中魯賓遜的僕人名叫什麼？

A. 魯達　　　B. 魯西西　　　C. 星期五　　　D. 星期六

網路美女的文化底蘊：（C）

魯賓遜在島上孤獨生活的第二十四年，遇見一群來到島上的野人，並且救了其中一個差點被吃掉的野人。因為那一天正好是星期五，魯賓遜就把這個野人取名為「星期五」。星期五最後成了魯賓遜的僕人，和魯賓遜共同度過孤島生活的最後三年。

Question 以多幅圖畫表現故事情節的連環圖畫最早出現於哪個國家？

A. 中國　　　B. 埃及　　　C. 巴比倫　　　D. 印度

網路美女的文化底蘊：（B）

早在西元前15世紀的埃及就有《名王功跡》（雕刻）和

《死者之書》（繪畫）等連環畫。

世界上最早的國歌誕生於哪個國家？

A. 荷蘭　　　B. 英國　　　C. 法國　　　D. 澳大利亞

網路美女的文化底蘊：（A）

荷蘭是世界上最早出現國歌的國家。1569年，荷蘭人為抵抗西班牙統治者的統治與壓迫，高唱《威廉‧凡‧拿索進行曲》衝向敵人，最後戰勝了西班牙統治者。荷蘭人對這首代表著國家民族精神的歌曲十分地熱愛，後來這首歌曲便成了荷蘭國歌。從此以後，許多國家也爭相模仿，制定出自己國家的國歌。

唱腔婉約清新，分花腔和平詞兩大類，以高胡為主要伴奏樂器的戲曲是以下哪一項？

A. 川劇　　　B. 黃梅戲　　　C. 徽劇　　　D. 昆劇

網路美女的文化底蘊：（B）

黃梅戲唱腔婉約清新，分花腔和平詞兩大類。花腔以戲劇為主，富有濃厚的生活氣息和民歌風味，多用襯詞，如：

「呼舍」、「喂卻」之類。曲目有：「夫妻觀燈」、「藍橋會」、「打豬草」等。而平詞是正本戲中最主要的唱腔，常用於大段敘述、抒情，聽起來委婉悠揚，曲目有：「梁祝」、「天仙配」等。

Question **印象派的代表人物梵谷出生在哪個國家？**

A. 荷蘭　　　B. 英國　　　C. 法國　　　D. 義大利

網路美女的文化底蘊：（A）

1853年，梵谷生於荷蘭的一個新教徒之家。少年時，他在倫敦、巴黎和海牙為畫商工作，後來還在比利時的礦場中當過傳教士。

Question **《水滸傳》的第三回「魯提轄拳打鎮關西」，第二拳打在鄭屠的哪裡？**

A. 鼻子上　　　B. 眼睛上

C. 嘴巴上　　　D. 太陽穴上

網路美女的文化底蘊：（B）

原文中，第一拳「撲的只一拳，正打在鼻子上，打得

鮮血迸流，鼻子歪在半邊，卻便似開了個油醬鋪，鹹的、酸的、辣的一發都滾出來。」第二拳「提起拳頭來就眼眶際眉梢只一拳，打得眼棱縫裂，烏珠迸出，也似開了個彩帛鋪，紅的、黑的、紫的都綻將出來。」第三拳「又只一拳，太陽上正著，卻似做了一個全堂水陸的道場，磬兒、撥兒、鐃兒一齊響。」

曾被稱為常德漢劇的是以下哪一項？

　　A. 湘劇　　　B. 祁劇　　　C. 辰河戲　　　D. 武陵戲

　　網路美女的文化底蘊：（D）

　　武陵戲原名常德漢劇，是湖南地方劇種之一，以常德為中心，流行於湘西北、鄂西南並遠及黔東等地區。

《茉莉花》是哪個地區的民歌？

　　A. 湖北　　　B. 內蒙古　　　C. 江蘇　　　D. 四川

　　網路美女的文化底蘊：（C）

　　《茉莉花》是江蘇民歌，茉莉花曲名為「鮮花調」，有幾百種鳴唱法，但大同小異。

Question 現實主義小說的創始人菲爾丁是哪國人？

A. 英國　　　B. 法國　　　C. 希臘　　　D. 義大利

網路美女的文化底蘊：（A）

亨利·菲爾丁（Henry Fielding）是英國作家。1707年4月22日生於英格蘭薩默塞特郡，1754年10月8日卒於葡萄牙里斯本。

Question 野獸派屬於以下哪個哪個領域的流派？

A. 繪畫　　　B. 文學　　　C. 音樂　　　D. 戲劇

網路美女的文化底蘊：（A）

野獸派是法國現代畫派之一。1905年出現於法國，因作品畫風狂野，越出繪畫常規，被評論家稱為「野獸群」而得名。

Question 下列哪句詩與「小荷才露尖尖角，早有蜻蜓立上頭」出自同一作者？

A. 不知細葉誰裁出，二月春風似剪刀

B. 接天蓮葉無窮碧，映日荷花別樣紅

C. 綠蔭不減來時路，添得黃鸝四五聲

D. 揚花榆莢無才思，唯解漫天作雪飛

網路美女的文化底蘊：（B）

　　分別出自宋代楊萬里的《小池》和《曉出淨慈寺送林子方》。《小池》全詩：「泉眼無聲細細流，樹陰照水愛晴柔。小荷才露尖尖角，早有蜻蜓立上頭。」《曉出淨慈寺送林子方》全詩：「畢竟西湖六月中，風光不與四時同。接天蓮葉無窮碧，映日荷花別樣紅。」

Question **《水滸傳》剛成書時並不叫水滸傳而是叫什麼書名？**

A. 《張叔夜擒賊》　　　B. 《江湖豪客傳》

C. 《一百零八好漢傳》　　D. 《豪客傳》

網路美女的文化底蘊：（B）

　　元朝小說家施耐庵一邊教書，一邊根據元人話本《張叔夜擒賊》寫作《江湖豪客傳》。幾年後，他完成了創作，對書中的大部分情節都感到滿意，唯一不太滿意的是書名。當時他的學生羅貫中建議他把書名改為《水滸傳》。施耐庵一聽，連聲說：「好，好！這個書名太好了！」於是，一部偉

大的古典名著因此確立書名。

Question 以下哪個民族的舞蹈經常表現出剽悍英武、剛勁有力之美？

A. 漢族　　　B. 蒙古族

C. 藏族　　　D. 維吾爾族

網路美女的文化底蘊：（B）

蒙古族是能歌善舞的民族。蒙古族舞蹈的特點是節奏明快，熱情奔放，語彙新穎，風格獨特。女子舞姿多以抖肩、翻腕來表現姑娘歡快優美、熱情開朗的性格。男子的舞姿則是造型挺拔豪邁，步伐輕捷灑脫，表現出蒙古族男性剽悍英武、剛勁有力之美。

Question 以下哪一項傳統戲劇又被稱為「祖劇」？

A. 昆劇　　　B. 京劇　　　C. 越劇　　　D. 粵劇

網路美女的文化底蘊：（A）

昆劇是現存最古老的戲曲藝術，被譽為「百戲之師」。昆劇表現手段豐富，文化地位高，格調高雅，以唱詞雅緻、表演細膩、音樂纏綿婉轉為特色。後來的京劇和許多地方劇

種都受到昆劇的影響，因此昆劇又被尊稱為「祖劇」。

請問以下哪一位作者的作品內容寫到人變成甲蟲？

A. 阿普列尤斯　　B. 契訶夫

C. 奧維德　　　　D. 卡夫卡

網路美女的文化底蘊：（D）

卡夫卡（Franz Kafka），出生在捷克，是20世紀最具國際知名度的作家。這部作品的第一句是：「某天早晨，格雷歌爾·沙姆瑟從非常不安的夢中驚醒，卻發現自己竟變形成為一隻非常醜陋的蟲躺在床上。」

在古希臘羅馬神話中，被稱為「愛神」的是誰？

A. 丘比特　　　　B. 維納斯

C. 雅典娜　　　　D. 阿波羅

網路美女的文化底蘊：（B）

「維納斯」被稱為「愛神」，也被稱為「美神」；「雅典娜」被稱為「智慧女神」；「阿波羅」被稱為「太陽神」；而「丘比特」和宙斯一樣，是「天神」，或叫「眾神

之父」，「宙斯」是古希臘神名，而「丘比特」則是古羅馬神名。

Question 大畫家鄭板橋是「揚州八怪」之一，他的畫以什麼主題聞名於世？

A. 橋　　　B. 馬　　　C. 蝦　　　D. 竹

網路美女的文化底蘊：（D）

鄭板橋以畫竹聞名；徐悲鴻以畫馬聞名；齊白石以畫蝦聞名。

Question 「妾乘油壁車，郎騎青驄馬。何處結同心，西陵松柏下。」出自何人之手？

A. 陳圓圓　　　B. 李師師

C. 蘇小小　　　D. 蘇小妹

網路美女的文化底蘊：（C）

蘇小小是南齊人氏，江南名妓之一，貌覺青樓，才空士類，深得各界仰慕，年十九咯血而死，終葬於西泠之塢。西湖才子白居易曾題：「蘇州楊柳任君誇，更有錢塘勝館娃。

若解多情尋小小，綠楊深處是蘇家。」

古代小說常用「沉魚落雁，閉月羞花」來形容女性之美，其中「閉月」是指誰？

A. 王昭君　　　B. 楊玉環　　　C. 貂蟬　　　D. 西施

網路美女的文化底蘊：（C）

據傳有一次，貂蟬正在後花園拜月。這時，忽然一陣輕風吹來，一片浮雲將皎潔的明月遮住了。王允正好瞧見，笑著對貂蟬說：「我的女兒和月亮比美，月亮都比不過，趕緊躲在雲彩後面了！」於是，人們就稱貂蟬為「閉月」了。

西方童話裡的貓頭鷹常以最聰明的角色出現，這是因為什麼原因？

A. 貓頭鷹的頭腦聰明

B. 貓頭鷹活得長久

C. 貓頭鷹與人長得相似

D. 貓頭鷹經常一副沉思的表情

網路美女的文化底蘊：（A）

貓頭鷹在古代神話中並非全然是惡的化身。古希臘神話的智慧女神雅典娜，據說就養了一隻貓頭鷹。因此古希臘人對貓頭鷹非常崇拜，認為牠是智慧的象徵。

Question **莎士比亞筆下的羅密歐與茱麗葉是哪個國家的人？**

A. 英國　　　B. 義大利　　　C. 法國　　　D. 美國

網路美女的文化底蘊：（B）

風景綺麗迷人的維洛那（Verona）是義大利最古老最美麗的城市之一。維洛那風靡全球歸因於莎士比亞的名作《羅密歐與茱麗葉》，因為這裡就是羅密歐與茱麗葉的故鄉。

Question **「嗩吶」一詞源於哪一種語言？**

A. 阿拉伯語　　　B. 希伯來語

C. 印地安語　　　D. 俄羅斯語

網路美女的文化底蘊：（A）

嗩吶是一種吹奏樂器，起源於波斯，最早流傳在波斯、阿拉伯一帶，金、元時期傳入新疆，後流入內地。嗩吶是雙簧氣鳴樂器，廣泛流行於亞、非、歐許多國家及中國各地。

嗩吶一名出自阿拉伯語「surna」的音譯，亦稱「嗩奈唱」、「蘇爾奈」、「喇叭」。

劇本《長生殿》與以下哪個人物有關？

A. 西施　　　B. 昭君　　　C. 楊玉環　　　D. 貂蟬

網路美女的文化底蘊：（C）

《長生殿》是清初劇作家洪升所寫的劇本，取材自唐代詩人白居易的《長恨歌》和元代劇作家白樸的劇作《梧桐雨》，內容講述唐玄宗和貴妃楊玉環之間的愛情故事。

希臘神話中的「金蘋果」代表什麼？

A. 財富　　　B. 牲畜　　　C. 不和　　　D. 豐收

網路美女的文化底蘊：（C）

在一場由天神宙斯主婚的婚宴中，女神厄里絲因未受邀請而發怒，不請自來並在宴會上留下華麗奪目的金蘋果，留言「獻給最美麗的女神」。這個「金蘋果」引發雅典娜、維納斯和天后希拉之間的爭奪，宙斯認為特洛伊王子帕里斯最適合決定由誰獲得金蘋果。於是三位女神都承諾了帕里斯一

些好處，最後得到金蘋果的是維納斯，於是維納斯便實現對帕里斯的承諾，讓他得到世界上最美麗的女人——斯巴達的海倫皇后，因此引發了著名的「特洛伊戰爭」。

Question

「削肩細腰，長挑身材，鴨蛋臉兒，俊眼修眉，顧盼神飛，文采精華」這幾句話是描寫《紅樓夢》中的哪一個人物？

A. 林黛玉　　　B. 薛寶釵

C. 王熙鳳　　　D. 賈探春

網路美女的文化底蘊：（D）

原文是這樣寫的：「不一時，只見三個奶嬤嬤並五六個丫鬟，簇擁著三個姊妹來了。第一個肌膚微豐，合中身材，腮凝新荔，鼻膩鵝脂，温柔沉默，觀之可親（賈迎春）。第二個削肩細腰，長挑身材，鴨蛋臉面，俊眼修眉，顧盼神飛，文采精華，見之忘俗（賈探春）。第三個身量未足，形容尚小（賈惜春）。」

Question

「東風不與周郎便，銅雀春深鎖二喬。」這首詩的作者所生活的年代，與詩中歷史事件的發生年代大約相隔了多久？

A. 400年　　　B. 500年　　　C. 600年　　　D. 800年

網路美女的文化底蘊：（C）

這首詩是唐代詩人杜牧寫的《赤壁》。赤壁大戰發生在西元208年，杜牧生於西元803年，卒於約852年，所以相差了大約600年。杜牧和李商隱被後人稱為「小李杜」，是晚唐非常有名的詩人。

stion **《百鳥朝鳳》是什麼曲目？**

　　A. 二胡獨奏曲　　　B. 琵琶曲
　　C. 古箏曲　　　　　D. 嗩吶曲

網路美女的文化底蘊：（D）

《百鳥朝鳳》是一首非常著名的嗩吶曲，也是民間管樂的合奏曲。流行於山東、安徽、河南、河北等北方地區。曲調活潑歡暢、熱烈，並且非常細膩地模擬各種飛禽的啼鳴，活靈活現，很是生動有趣，同時也表現了人們對大自然的熱愛。

stion **交響樂是指多種樂器組合成大型管弦樂隊的演出形式。以這種形式所寫作的樂曲，往往寓意深刻，篇幅較長，規模宏**

大，因而必須在統一的指揮下進行。下列樂曲中哪首不是交
響樂？

A. 《天鵝之歌》　　B. 《命運》

C. 《藍色多瑙河》　　D. 《丘比特交響曲》

網路美女的文化底蘊：（C）

《藍色多瑙河（An der schnen blauen Donau op. 314）》是奧地利作曲家約翰・史特勞斯所創作的華爾滋圓舞曲，有「圓舞曲之王」的美稱。《命運Fate（或稱第5號交響曲）》是貝多芬所創作，靈感來自光明戰勝黑暗的凱歌，這部交響曲家喻戶曉。《天鵝之歌Swan song》是舒伯特的交響樂作品。《丘比特交響曲Jupiter Symphony（或稱第41號交響曲）》的作者是莫札特。

Question **哪一位作曲家被稱為「歌曲之王」？**

A. 韋伯　　B. 孟德爾松

C. 莫札特　　D. 舒伯特

網路美女的文化底蘊：（D）

歌曲之王弗蘭茲・舒伯特（Franz Schubert），是一位偉大的奧地利作曲家，是浪漫主義音樂的開創者之一。

「卡拉OK」是今日家喻戶曉的娛樂形式，這個字的原意是「無人樂隊」。請問它最早起源於哪個國家？

　　A. 美國　　　B. 義大利　　　C. 韓國　　　D. 日本

網路美女的文化底蘊：（D）

　　卡拉OK的日文原意是「無人伴奏樂隊」。60年代時期，井上大佑先生正在日本兵庫縣西宮市擔任沙龍樂隊鼓手，當時他發明了伴唱聲軌和可攜式麥克風。不到三年，卡拉OK開始大為風行，大公司紛紛剽竊井上的創意，推出自己的機型。直到有人建議他申請專利時，已經為時太晚。井上承認：「我從沒想過申請專利。」

哪位畫家曾自稱「瘋子」？

　　A. 梁楷　　　B. 鄭板橋　　　C. 黃公望　　　D. 唐寅

網路美女的文化底蘊：（A）

　　梁楷，是南宋畫家，住在錢塘（也就是今天的浙江杭州）。賈師古高足，工畫人物、佛道、鬼神，兼擅山水、花鳥，有出藍之譽。幸而豪放不羈，畫分為二體：一曰「細

筆」；一日「減筆」，繼承五代石恪，寥寥數筆，概括飄逸，對明清及現代畫家有著重要影響。傳世作品有《六祖斫竹圖》、《八高僧故事圖》、《潑墨仙人圖》。

Question **「約法三章」這句話來自歷史上的哪一位人物？**

　　　　A. 劉備　　　　B. 諸葛亮　　　　C. 劉邦　　　　D. 朱元璋

　　網路美女的文化底蘊：（C）

　　原句出自《史記·高祖本紀》和《資治通鑑》。據記載，沛公（即劉邦）首先打進秦國都城咸陽，他悉召諸縣父老豪傑說：「父老苦秦苛法久矣！吾與諸侯約，先入關者王之；吾當王關中。與父老約法三章耳：殺人者死；傷人及盜抵罪；余悉除去秦法，諸吏民皆案堵如故。」

Question **印度古神話的四大天王中，掌管西方的是哪一個？**

　　　　A. 持國天王　　　　B. 廣目天王
　　　　C. 增長天王　　　　D. 多聞天王

　　網路美女的文化底蘊：（B）

　　廣目天王梵名「毗留博叉」，據說他能以清淨天眼觀察

護持世界，故得此名。他居於須彌山白銀埵，率領諸龍族及富單那（臭餓鬼）等守護西方瞿耶尼洲。

北宋著名詩人及書法家黃庭堅曾寫過一首《戲題》詩：

逍遙近道邊，憩息慰懰濾。

晴暉時晦明，謔語諧讜論。

草萊荒蒙蘢，室屋壅塵坌。

僮僕侍逼側，涇渭清濁混。

這首抒寫詩人憩息漫步郊野所見景色的詩，每句各字的偏旁相同，給人以整齊劃一的美感。所以被稱為：

A. 聯邊詩　　B. 押韻詩

C. 同邊詩　　D. 關聯詩

網路美女的文化底蘊：（A）

在寫詩時，利用漢字相同的偏旁部首構成「聯邊」，使句中諸字看起來有種特別整齊的形式美感。這種詩被稱為「聯邊詩」。

Question
披頭四樂隊來自哪個國家？又被稱為什麼樂隊？

網路美女的文化底蘊：

英國，英文名稱是The Beatles。

Question
中國史上第一部將剪紙藝術融入動畫的是哪一部動畫片？

網路美女的文化底蘊：

第一部將剪紙藝術融入動畫的動畫片是1958年出品的
《豬八戒吃西瓜》。

Question
德國音樂史上三位名字以B開頭的分別是誰？

網路美女的文化底蘊：

勃拉姆斯（Brahms）、巴哈（Bach）、貝多芬
（Beethoven）。這三個人的姓都是以字母B開頭的。

ion 清乾隆年間活躍在揚州畫壇的革新派畫家被合稱為「揚州八怪」，這「八怪」是指8個畫家嗎？

　　網路美女的文化底蘊：

　　不是。「八怪」是揚州方言奇奇怪怪的意思，揚州八怪人數並不只8人。他們的特點是憤世嫉俗，了解民間疾苦。不只繪畫，他們的文學及書法成就都很高，因此詩、書、畫被合稱為「三絕」。

ion 「石破天驚」指的是什麼樂器的聲音？這一句成語又是出自何處？

　　網路美女的文化底蘊：

　　「石破天驚」指古代一種被稱為箜篌的樂器彈奏時所發出的聲音。因其聲音忽而高亢，忽而低沉，唐代詩人在形容箜篌彈奏時有「女媧煉石補天處，石破天驚逗秋雨」一說。比喻寫文章有新意，語出驚人。

Question 請將下列作者與國家連起來。

雪萊Shelley	德國
司湯達Stendhal	蘇聯
席勒Schiller	西班牙
法捷耶夫Fadeyev	法國
賽凡提斯Cervantes	英國

網路美女的文化底蘊：

雪萊Shelley──英國

司湯達Stendhal──法國

席勒Schiller──德國

法捷耶夫Fadeyev──蘇聯

賽凡提斯Cervantes──西班牙

Question 請在一分鐘內説出金陵十二釵中任意五人。

網路美女的文化底蘊：

林黛玉、薛寶釵、賈元春、賈迎春、賈探春。

Question 請描述3/4拍的強弱規律。

網路美女的文化底蘊：

強、弱、弱。

在傳統神話傳説中，「開天闢地」的是誰？「鑽木取火」的是誰？「嚐百草」又是誰？

網路美女的文化底蘊：

盤古「開天闢地」；燧人氏「鑽木取火」；神農「嘗百草」。

「我住長江頭，君住長江尾。

日日思君不見君，共飲長江水。

此水幾時休，此恨何時已？

只願君心似我心，定不負相思意。」

請説出這首詞的名稱和作者。

網路美女的文化底蘊：

這首詞的名稱是《卜算子》；作者是宋朝的李子儀。

Question **國畫有「六彩」之說，請問這「六彩」是什麼？**

網路美女的文化底蘊：

黑、白、濃、淡、乾、濕。

Question **請問，在文學史上被並稱為「二安」的，是哪兩位文學家？**

網路美女的文化底蘊：

李清照，號易安居士，是婉約派的代表人物；辛棄疾，字幼安，是豪放派的代表人物。

Question **請將下列作家與作品連起來。**

顯克維奇Sienkiewicz

薄伽丘Boccaccio

屠格涅夫Turgenev

拜倫Byron

_____

《十日談Decameron》

《羅亭Rudin》

《十字軍騎士The Knights of the Cross 》

《唐璜Don Juan》

網路美女的文化底蘊：

顯克維奇Sienkiewicz——

《十字軍騎士The Knights of the Cross 》

薄伽丘Boccaccio——《十日談Decameron》

屠格涅夫Turgenev——《羅亭Rudin》

拜倫Byron——《唐璜Don Juan》

ion **下列名稱都是月份的別名，請說出各代表的是幾月？**

（青陽；良月；菊月；榴月；杏月；荷月）

網路美女的文化底蘊：

青陽為一月；良月為十月；菊月為九月；榴月為五月；
杏月為二月；荷月為六月。

ion **蒙古族最出名的拉弦樂器是什麼？**

網路美女的文化底蘊：

馬頭琴。

Question 「胸有成竹」這句成語最初是形容哪位畫家？

網路美女的文化底蘊：

文同，北宋仁宗時期的畫家，字與可。他曾說：「畫竹應成竹於胸中。」而蘇軾也曾讚賞他畫竹的奧妙是「成竹在胸」。

Question 以下列出的都是作家的字或號，請問這些字號指的是誰？（隨園主人、六一居士、易安居士）

網路美女的文化底蘊：

隨園主人是袁枚；六一居士是歐陽修；易安居士是李清照。

Question 南梁時，誰提出做詩應當避開「八病」，這「八病」又是什麼？

網路美女的文化底蘊：

南梁沈約，「八病」指：平頭，上尾，蜂腰，鶴膝，小韻，旁紐，正紐。」

請將下列詩句與作者相連。

春色滿園關不住	陸遊
人間何處不讒岩	葉紹翁
飲似長鯨快吸川	文天祥
城郭人民半已非	蘇軾

網路美女的文化底蘊：

春色滿園關不住——葉紹翁

人間何處不讒岩——蘇軾

飲似長鯨快吸川——陸遊

城郭人民半已非——文天祥

《列子》中有兩則記敘古代歌唱家的故事，後來演變成「聲振林木」和「餘音繞梁」的典故，這兩個故事中的歌唱家分別是誰？

網路美女的文化底蘊：

「聲振林木」為秦青，「餘音繞梁」為韓娥。

Question 姜夔的揚州慢中描述：「縱豆蔻詞工，青樓夢好，難賦深情。」這幾句詩引用了杜牧哪一首詩的什麼句意？

網路美女的文化底蘊：

引用了杜牧《贈別》中的「娉娉嫋嫋十三餘，豆蔻梢頭二月初」和《遺杯》中「十年一覺揚州夢，贏得青樓薄幸名」的句意。

Question 宋代文學家蘇軾和秦觀是好朋友。一次，秦觀外出遊玩，很長時間沒回來。蘇軾很惦記他，就寫信詢問他的情況。不久秦觀回了一封信，這封信只有14個字，並圍成一個圈：

已暮賞
時　花
醒　歸
微　去
力　馬
酒飛如

tion 蘇軾看畢，連聲叫好，原來這是一首回文詩，詩中描述在外
的生活情趣。請問這首詩該怎麼讀？

網路美女的文化底蘊：

賞花歸去馬如飛，去馬如飛酒力微。酒力微醒時已暮，
醒時已暮賞花歸。

tion 以下名言各出自誰所說？

先天下之憂而憂，後天下之樂而樂。

生於憂患，死於安樂。

橫眉冷對千夫指，俯首甘為孺子牛。

網路美女的文化底蘊：

分別是范仲淹、孟子、魯迅。

stion 請將下列作品與其中的角色連起來。

《封神演義》　　賈桂

《浣紗記》　　　姜子牙

《法門寺》　　　西施

網路美女的文化底蘊：

《封神演義》──姜子牙

《浣紗記》──西施

《法門寺》──賈桂

Question **人們的歌唱發聲，因生理條件不同，一般將分為哪幾種？**

網路美女的文化底蘊：

男聲、女聲、童聲。

Question **「梨花淡白柳深青，柳絮飛時花滿城。惆悵東欄一株雪，人生看得幾清明！」這首詩的詩名是什麼，作者是誰？詩人惆悵的原因是什麼？**

網路美女的文化底蘊：

這首詩的詩名是《和孔密州五絕・東欄梨花》；作者是蘇軾；詩人因為感傷春光易逝，慨嘆人生短促而惆悵。

Question **詩詞《別雲間》：**

三年羈旅客，今日又南冠。

無限山河淚，誰言天地寬？

已知泉路近，欲別故鄉難。

毅魄歸來日，靈旗空際看。

請問該詞中「雲間」指哪裡？南冠又指什麼？

網路美女的文化底蘊：

「雲間」指古代的松江地區（也就是今天的上海），雲間是作者的故鄉，別雲間也就是別故鄉。「南冠」是囚犯的代稱，典故出自《左傳》：「晉侯觀於軍府，見鐘儀，問之曰：『南冠而縶者誰也？』有司對曰：『鄭人所獻楚囚也。』」鐘儀，南方楚人，戴楚冠，故曰「南冠」，後世遂以南冠為囚犯的代稱。

stion **中國民間流傳最廣、影響最大的四大傳說是什麼？**

網路美女的文化底蘊：

中國民間流傳最廣、影響最大的四大民間傳說是《梁山伯與祝英台》、《白蛇傳》、《牛郎與織女》和《孟姜女》。

111

Question 請說出下列雅號各是指哪位詩人？

(1) 詩傑　(2) 詩囚　(3) 詩骨　(4) 詩豪

網路美女的文化底蘊：

詩傑──王勃

詩囚──孟郊

詩骨──賈島

詩豪──劉禹錫

Question 四季之景優美無比，古往今來文人墨客讚頌不斷，請試著寫出描寫春夏秋冬的詩句各一句。例如：春──兩個黃鸝鳴翠柳，一行白鷺上青天。

網路美女的文化底蘊：

春──不知細葉誰裁出，二月春風似剪刀。

夏──接天蓮葉無窮碧，映日荷花別樣紅。

秋──晴空一鶴排雲上，便引詩情到碧霄。

冬──忽如一夜春風來，千樹萬樹梨花開。

請問以下所指的著名經典為何？提示如下：

《三國演義》、《水滸傳》、《西遊記》、《金瓶梅》、《紅樓夢》、《儒林外史》、《聊齋志異》、《官場現形記》、《二十年目睹之怪現狀》、《老殘遊記》、《孽海花》

中國古典四大名著：請列出四冊書名。

明代四大奇書：請列出四冊書名。

清代長篇小說雙璧：請列出兩冊書名。

四大譴責小說：請列出四冊書名。

網路美女的文化底蘊：

中國古典四大名著：《三國演義》《水滸記》《西遊記》《紅樓夢》

明代四大奇書：《三國演義》《水滸傳》《西遊記》《金瓶梅》

清代長篇小說雙璧：《紅樓夢》《儒林外史》

四大譴責小說：《官場現形記》《二十年目睹之怪現狀》《老殘遊記》《孽海花》

下面四首古詩代表著民間傳統節令，請問詩中所表示的節令分別是什麼？

（1）去年元月時，花市燈如畫。

月上柳梢頭，人約黃昏後。

（2）銀燭秋光冷畫屏，輕羅小扇撲流螢。

天街夜色涼如水，臥看牽牛織女。

（3）細雨成陰近夕陽，湖邊飛閣照寒塘。

黃花應笑關山客，每歲登高在異鄉。

（4）爆竹聲中一歲除，春風送暖入屠蘇。

千門萬戶瞳瞳日，總把新桃換舊符。

網路美女的文化底蘊：

元宵、七夕、重陽、春節。

Question **請說出下述軍事名言分別是哪位著名軍事家說的？**

（1）戰爭無非是政治通過另一種手段的繼續。

（2）知兵者不言兵，知戰者不言戰。

（3）由一頭獅子率領一群綿羊、將戰勝由一頭綿羊率領的一群獅子。

網路美女的文化底蘊：

（1）克勞塞維茨（Carl Von Clausewitz）。

（2）諸葛亮。

（3）拿破崙（Napol on Bonaparte）。

stion **請找出其中的關連。**

竹　　　徐悲鴻

馬　　　鄭板橋

梅　　　王冕

蝦　　　齊白石

網路美女的文化底蘊：

竹──鄭板橋

馬──徐悲鴻

蝦──齊白石

梅──王冕。

stion **古曲《漁舟唱晚》的標題取自哪個朝代哪位詩人的哪篇文章？**

網路美女的文化底蘊：

《漁舟唱晚》是一首古箏曲，標題取自唐代詩人王勃《滕王閣序》中：「漁舟唱晚，響窮彭蠡之濱」的詩句。

Question 「侯門一入深似海，從此蕭郎是路人。」請說出這句詩的出處及作者。請問「侯門」和「蕭郎」各代表什麼？並請解釋這句詩的意思。

網路美女的文化底蘊：

這句詩出自唐崔郊的《贈婢》，原詩為「公子王孫逐後塵，綠珠垂淚滴羅巾。侯門一入深似海，從此蕭郎是路人。」「侯門」特指顯貴之家；「蕭郎」是唐朝時女子對情人的稱呼。這句詩的意思是說：「女子一旦被顯貴之家強行佔為己有，即使日後再有見面的機會，也只能像擦肩而過的陌生人一樣，再也不能相認了。」

Question 請問說出下列名言的人是誰？

（1）先天下之憂而憂，後天下之樂而樂。

（2）人生自古誰無死，留取丹心照汗青。

（3）我以我血薦軒轅。

（4）天下興亡，匹夫有責。

網路美女的文化底蘊：

（1）范仲淹。

（2）文天祥。

（3）魯迅。

（4）顧炎武。

stion **「飲中八仙」是指哪些人？神話傳說中的八仙又是指哪些人？**

網路美女的文化底蘊：

飲中八仙指的是：李白、賀知章、李適之、汝陽王（李追）、崔宗之、蘇晉、張旭、焦遂。

神話傳說中的八仙指的是：李鐵拐、漢鐘離、張果老、何仙姑、藍采和、呂洞賓、韓湘子、曹國舅。

stion **「一葉浮萍歸大海」的下一句是什麼？**

網路美女的文化底蘊：

「一葉浮萍歸大海，人生何處不相逢。」這句話最早的出處是明朝吳承恩的西遊記。

Question 請將下列雅號與對應的詩人連在一起。

詩魔　　白居易

詩鬼　　李賀

詩瓢　　唐球

網路美女的文化底蘊：

詩魔——唐代詩人白居易

詩鬼——唐代詩人李賀

詩瓢——唐代詩人唐球。

Question 請問下列詩句是描寫哪個季節的景色？

（1）窗含西嶺千秋雪，門泊東吳萬里船。

（2）稻花香裡說豐年，聽取蛙聲一片。

（3）腸斷江城雁，高高正北飛。

（4）天街小雨潤如酥，草色遙看近卻無。

網路美女的文化底蘊：

分別是冬天、夏天、秋天、春天。

Question 《水調歌頭》中「此事古難全」的「此事」指的是什麼？

網路美女的文化底蘊：

指的是「人有悲歡離合，月有陰晴圓缺。」

請問下面這首詩的詩名是什麼？作者是誰？又是什麼體裁？

清晨入古寺，初日照高林。

曲徑通幽處，禪房花木深。

山光悅鳥性，潭影空人心。

萬籟此俱寂，惟聞鐘磬音。

網路美女的文化底蘊：

詩名：《題破山寺後禪院》，作者是唐朝詩人常建，體裁為五律。

Part. 2

文字 與 起源

GREAT COMMON
→SENSE←

藝術與人文
文字與起源
旅行與風俗
法律與常識

對聯的上聯應貼在門框的左邊還是右邊？人們常説「三十六計，走為上策」，「走為上策」的意思是説，這是三十六計中最好的一計嗎？「弄璋」是指生了男孩還是女孩？傻瓜最初指的是人嗎？「垂青」一詞中的「青」是指「青色」對嗎？在文字與起源篇裡，不僅有基本的語言知識，也介紹了高階語言文字的運用。只要多多琢磨推敲，成為一個文藝大師也不是那麼困難的事喔！

GREAT
COMMON
SENSE

是非題

Question 「一倡三嘆」中的「嘆」字，本義是嘆息。

　　穿越千年的部落客説：（錯）

　　「一倡三嘆」中的「嘆」字本義是附和。據《荀子・禮論》：「清廟之歌，倡而三嘆也。」意思是一個人歌，三個人相和。後來這句成語多用來形容音樂、詩文優美。

Question 「安樂窩」的「窩」字，原指鳥巢。

　　穿越千年的部落客説：（錯）

　　「安樂窩」這個詞中，「窩」原指人的住宅。據《宋史・邵雍傳》：宋代哲學家邵雍居於洛陽時，司馬光等人曾為他買了一所莊園。他在此耕種勞作，自給自足，並為住宅取名「安樂窩」。

Question 中國周邊的國家曾經使用過漢字，直至目前，日本、韓國等

地仍會使用漢字。

穿越千年的部落客說：（對）

在日本，漢字的使用非常普遍。但在韓國因為政策導向的關係，目前能夠讀寫漢字的韓國青年越來越少，街道景點也很少見到漢字出現。近年來，韓國政府已有逐漸恢復漢字學習的計畫。

對聯的上聯應貼在門框的左邊。

穿越千年的部落客說：（錯）

對聯的上聯應貼在門框的右邊。

農曆把每月初一叫做望日。

穿越千年的部落客說：（錯）

農曆把每月初一叫做朔日，望日是農曆每月十五。

二選一

Question **「弄璋」是指生了：**

　　A. 男孩　　　B. 女孩

　　穿越千年的部落客說：（A）

　　從前，把生男孩子叫「弄璋之喜」，生女孩子叫「弄瓦之喜」。「弄璋、弄瓦」典故出自《詩經·小雅·斯干》：「乃生男子，載寢之床，載衣之裳，載弄之璋。……乃生女子，載寢之地，載衣之褧，載弄之瓦。」璋是指好的玉石；瓦則是紡車上的零件。男孩弄璋、女孩弄瓦，其實帶有重男輕女的意思。

Question **李白的《夢遊天姥吟留別》中，「姥」的讀音為何？**

　　A. 同「姆」　　　B. 同「老」

　　穿越千年的部落客說：（A）

　　天姥是山名，「姥」讀音同「姆」，古時將年老的女僕稱作姥姥，通「母」。「姥」讀作「老」時，指外祖母。

人們常說「三十六計，走為上策」，這句話是什麼意思？

A.「走為上策」是三十六計中最好的一計。

B. 走為上，是第三十六計。

穿越千年的部落客說：（B）

「三十六計，走為上策。」是指在我不如敵的情況下，為保存實力，主動撤退。所謂上策，並不是說「走」在三十六計中是上計，而是在敵強我弱的情況下，我方有幾種選擇：一是求和、二是投降、三是死拼、四是撤退。當這四種選擇中，前三種完全沒有機會出勝時，就只剩下第四種了。撤退，可以保存實力，以圖捲土重來，這是最好的選擇，因此「走」為上。

「涇渭分明」指的是：

A. 涇水清，渭水濁　　　B. 渭水清，涇水濁

穿越千年的部落客說：（A）

渭河是黃河最大的支流，涇河又是渭河的支流。「涇渭分明」這一句成語即源出涇渭兩河交匯處。據考證，唐代詩

人杜甫的《秋雨嘆》中「濁涇清渭何當分」大概就是這則成語的雛形了。

Question **「敲門磚」一詞源於以下哪個行為？**

　　A. 考試　　　B. 拜師

　　穿越千年的部落客說：（A）

　　　　古時參加考試前，考生會先將八股文的套路練熟後再去參加科舉考試。一旦考中，便將八股文那一套完全拋棄掉。八股文對當時的讀書人來說，就像敲門磚一樣，一旦進了門，就毫無用處。現在則引申為達到目的時所採用的某種手段，目的達到後就拋棄不用了。

Question **漢字筆劃最少的一筆字有幾個？**

　　A. 一個　　　B. 兩個

　　穿越千年的部落客說：（B）

　　能夠一筆寫完的漢字就是：一和乙。

「屢見不鮮」的「鮮」字的本意是指什麼？

　　A. 新殺的禽獸　　　　B. 稀有之物

　　穿越千年的部落客說：（A）

　　鮮，本指新殺的禽獸，引指新鮮。「屢見不鮮」原意是說：對於常客就不必宰殺禽獸來款待了。後來被引申為：看到很多次之後，就不覺新奇了。

「陽關大道」原是指通往哪裡的道路？

　　A. 中原　　　　B. 西域

　　穿越千年的部落客說：（B）

　　陽關大道原是指古代經過陽關通往西域的大道。語出王維《送劉司直赴安西》：「絕域陽關道，胡沙與塞塵。」

「豆蔻年華」指的是女子幾歲？

　　A. 12歲　　　　B. 13歲

　　穿越千年的部落客說：（B）

　　「豆蔻年華」這句成語，出自唐代杜牧《贈別》詩：

　　「娉娉嫋嫋十三餘，豆蔻梢頭二月初。」後稱女子十三四歲的年紀為「豆蔻年華」。

三選一

成語「雞鳴狗盜」跟下面的哪個人物有關？

A. 孟嘗君　　　B. 趙括　　　C. 朱元璋

穿越千年的部落客説：（A）

這個成語出自《史記‧孟嘗君列傳》。孟嘗君出使秦國，被昭王扣留。於是孟嘗君門下的食客扮狗鑽入秦營，偷出狐白裘，獻給昭王妾，以説情放了孟嘗君。孟逃至函谷關時昭王又令追捕，另一名食客假裝雞鳴，於是引得眾雞齊鳴騙開了城門，孟嘗君終於得以逃回齊國。

古人常以「尺素」表示什麼？

A. 白色頭巾　　　B. 手帕　　　C. 書信

穿越千年的部落客説：（C）

古樂府《飲馬長城窟行》：「客從遠方來，遺我雙鯉魚，呼童烹鯉魚，中有尺素書。」後來「尺素」就被用來作為書信的代稱。秦觀《踏莎行》中寫道：「驛寄梅花，魚

傳尺素，砌成此恨無重數。郴江幸自繞郴山，為誰流下瀟湘
去？」

「先生」在現代是表示禮貌的稱謂。這個詞最早出現在《論語》裡，請問原來的意思是什麼？

　　A. 老師　　　B. 父兄　　　C. 對男人的稱謂

穿越千年的部落客說：（B）

　　「先生」這個稱呼由來已久。歷史上各個不同時期，「先生」這個稱呼所指的也各有其不同對象。而在《論語·為政》中說道：「有酒食，先生饌。」這裡的「先生」指的就是父兄的意思，意思是有美酒佳餚，就先孝敬父兄。

「席夢思」三個字源於什麼？

　　A. 地名　　　B. 人名　　　C. 官職名

穿越千年的部落客說：（B）

　　一百多年前，美國一位賣傢俱的商人叫查爾蒙·席夢思。他聽到顧客抱怨床板太硬，睡在上面不舒服，於是便動起腦筋。在1900年間，推出了世界上第一個用布包著的彈簧

床墊，立刻受到廣大消費者的好評。於是人們便用他的姓為
床墊起了這個名字。

「吹簫吳市」中的「吹簫」是用來委婉的稱呼哪些人？
　　　A. 雜耍之人　　　B. 妓女　　　C. 乞丐

　　穿越千年的部落客説：（C）
　　「吹簫吳市」的意思是像伍子胥在吳國的街市吹簫乞食
一樣，比喻行乞街頭，也作「吳市吹簫」。而「吹簫」是乞
丐的委婉稱呼。

**在中國古文字中，從來就沒有代表女性的「她」字，請問這
個字最早是誰開始使用的？**
　　　A. 胡適　　　B. 魯迅　　　C. 劉半農

　　穿越千年的部落客説：（C）
　　1920年9月，當時正在英國倫敦的近代作家劉半農，寫
了一首著名情詩《教我如何不想她》。這首詩首次創造了
「她」這個字。

131

Question **中國最早的文字出現在幾千年前？**

　　A. 3000年前　　　　B. 4000年前　　　　C. 5000年前

穿越千年的部落客説：（C）

　　考古學者在山東省南部發現了刻畫在陶器上的符號，是中國迄今發現最早的文字，其年代距今已有約4900年。專家們將這種文字稱為「大汶口文化的陶尊文字」或「大汶口文化發現的圖像文字」。

Question **當兵又叫「入伍」，這裡的「伍」是什麼意思？**

　　A. 和現在「五」意思相同

　　B. 古代軍隊編制

　　C. 和「夥」意思相同，即「入夥」

穿越千年的部落客説：（B）

　　在古代軍隊中，五人為一伍，五伍為一兩，五兩為一卒，五卒為一旅，五旅為一師，五師為一軍。自西周起，古代軍隊大多都是參照伍、兩、卒、旅、軍的規矩編制的。當時社會基層單位稱之為「比」，五戶為一比。每當徵兵的時候，五戶人家各要送一名男丁，一比共要送五人，恰好組成

一個伍。之後不論做什麼，這五個人總是被分在一起。儘管歷代軍隊編制不斷地變化，但「伍」的叫法卻一直沿用了下來。人們也逐漸習慣地把「當兵」叫做「入伍」了。

中國地區的少數民族語言共分多少個語系？

　　A. 5個　　　B. 6個　　　C. 7個

穿越千年的部落客說：（A）

　　這五個語系是：漢藏語系、阿勒泰語系、南亞語系、南島語系和印歐語系。

中文字的字體很豐富，以大類來説，可分為篆、隸、真、行、草5種。請問哪種文字的字體在西周時被譽為「千古篆法之祖」？

　　A. 祭北郊文　　　B. 真書　　　C. 石鼓文

穿越千年的部落客說：（C）

　　篆書是最早的字體，大約在商代就誕生了，到了西周發展到高峰，其中最有代表性的《石鼓方》被譽為「千古篆法之祖」。三國魏晉南北朝時代是書法發展重要時期。其中，

魏朝的鐘繇即是以真書（即楷書）聞名。傳說王羲之在木板上寫過一篇《祭北郊文》，木板即使被削去了三分厚，但字跡仍留在上面，這也是成語「入木三分」的由來。

Question　**下列語言中哪種不屬於聯合國官方語言？**

　　A. 漢語　　　B. 俄語　　　C. 葡萄牙語

　　穿越千年的部落客説：（C）

　　聯合國的官方語言共有6種：漢語、英語、法語、俄語、阿拉伯語與西班牙語。

Question　**「宮保雞丁」中「宮保」來自以下哪一項典故？**

　　A. 地名　　　B. 官名　　　C. 人名

　　穿越千年的部落客説：（C）

　　「宮保雞丁」是四川名菜，它的由來與清朝四川總督丁寶楨有關。丁寶楨原籍貴州，清咸豐年間進士，曾任山東巡撫，後任四川總督。他一向很喜歡吃辣椒與豬肉、雞肉爆炒的菜餚。據説在山東任職時，他就命家廚製作「醬爆雞丁」等菜，很合胃口，但那時此菜還未出名。調任四川總督後，

每遇宴客，他都會讓家廚用花生、乾辣椒和嫩雞肉炒雞丁，肉嫩味美，很受客人歡迎。後來他因為戍邊禦敵有功，被朝廷封為「太子少保」，人稱「丁宮保」，而家廚烹製的炒雞丁，也被稱為「宮保雞丁」。

在寫信時，人們會在信的結尾寫上「此致」、「敬禮」。請問「此致」是什麼意思？

　　A. 表示致敬　　　B. 到此為止　　　C. 奉上、敬上

　　穿越千年的部落客說：（B）

　　「此」是指前面信中所寫的內容。「此」字的作用在於概指前文，了結全篇。「致」者，盡也，含有給予或呈獻之意。「此致」二字連用，意思是「上面的話都說給你聽了」。表示信已經寫完的意思。

四選一

Question **請問以下哪一項不是談論學習方法？**

A. 學而時習之　　　B. 學而不厭

C. 默而識之　　　　D. 溫故而知新

穿越千年的部落客説：（B）

厭是滿足的意思，「學而不厭」是說：學習總感到不滿足，形容好學。這句話出自《論語・述而》：「默而識之，學而不厭，誨人不倦，何有於我哉？」

Question **秦始皇滅六國後，統一了全國文字。請問是以下哪一種漢字？**

A. 隸書　　　B. 小篆　　　C. 楷書　　　D. 行書

穿越千年的部落客説：（B）

秦統一後，詔書發至各地，當地人都看不懂。這種狀況無疑妨礙了各地經濟、文化的交流，也影響了中央政令的暢通。於是李斯等人整理文字，創造出一種形體勻圓齊整、

筆劃簡略的新文字「小篆」，後來又出現「隸書」。文字統一，對華夏民族的發展和文化的傳承，有著很積極的意義。

ion **「九牛一毛」這個成語的由來，與古代一位名人準備自殺的的感受有關，後來這位名人並未真正犯下自殺的罪孽。請問這位名人是誰？**

A. 伍子胥　　　B. 孫臏　　　C. 司馬遷　　　D. 曹操

穿越千年的部落客説：（C）

相傳司馬遷受宮刑後，本想一死了之，但他又冷靜地想，如果自己真的死去，不僅洗不清自己的冤屈，而且在達官貴人眼裡，自己不過像「九牛一毛，一螻蟻何以異？」想到《史記》的編纂任務將就此中斷，他因此忍辱負重，終於完成了宏偉巨著《史記》，從此名垂千古。現在人們用「九牛一毛」來比喻數量非常少，或者形容事物非常渺小。

tion **「書香門第」中的「書香」原意指什麼？**

A. 讀書人的自稱

B. 書籍的油墨味

C. 書發黴後產生的怪味

D. 書中夾香草所發出的香氣

穿越千年的部落客説：（D）

古人為了防止蟲子啃咬書籍，便將一種散發著清香之氣的芸香草置於書中。芸香草亦稱芸草，為多年生草本植物，可以入藥。

Question 成語「趨之若鶩」中的「鶩」是指哪一種動物？

A. 馬　　　B. 烏鴉　　　C. 野鴨　　　D. 老鷹

穿越千年的部落客説：（C）

趨是快走的意思，鶩是野鴨。像鴨子一樣成群跑過去，比喻很多人爭著趕去的意思。清朝曾樸的《孽海花》第二十七回：「京外的官員，哪個不趨之若鶩呢！」

Question 成語「千瘡百孔」最初是形容以下哪一項破爛不堪，無法修補？

A. 衣物　　　　B. 社會局勢

C. 儒家經典　　D. 傢俱

穿越千年的部落客說：（C）

瘡是創傷的意思。千處創傷，百處破洞。形容破壞得非常嚴重，或比喻漏洞、弊病很多，也作「百孔千瘡」。唐·韓愈《與孟尚書書》：「漢氏以來，群儒區區修補，百孔千瘡，隨亂隨失，其危如一發引千鈞。」

Question **請說出下列對聯所提及的年齡。**

花甲重逢，增加三七歲月。

古稀雙慶，再多一度春秋。

A. 78歲　　　B. 96歲　　　C. 102歲　　　D. 141歲

穿越千年的部落客說：（D）

兩個花甲是一百二，三乘七是二十一，兩者加起來就是141。

Question **「傻瓜」最初指的是什麼？**

A. 人　　B. 植物　　C. 動物　　D. 農具

穿越千年的部落客說：（A）

據古籍記載，在古代瓜州居住著一群姜姓人，自己取族

名為「瓜子族」，他們幹活賣力，誠實刻苦，別人卻以為他們愚蠢，稱之為「瓜子」。「傻瓜」就是由「瓜子」衍化而來的。

Question 「機不可失，時不再來」指的是以下哪一項？

A. 時間的連續性　　B. 時間的不可逆

C. 時間的間隔性　　D. 時間的重複性

穿越千年的部落客說：（B）

時間的特點是不可逆，絕對地沿著單向前進，一去不復返。「逝者如斯夫，不舍晝夜」、「時乎時乎不再來」、「機不可失，時不再來」等，都蘊涵著時間的不可逆，同時也啟示著我們：要懂得時間的寶貴，一分一秒都要珍惜。

Question 「別開生面」這個成語，最早是杜甫用來讚揚別人的哪一種表現？

A. 容貌體態　　B. 談吐言辭

C. 繪畫技巧　　D. 服飾打扮

穿越千年的部落客說：（C）

「別開生面」最早見於杜甫的《丹青引》：「淩煙功臣少顏色，將軍下筆開生面。」稱讚曹霸將軍的繪畫技藝高超，使失去光彩的圖畫重放光彩。後來這句成語被用來形容另創新格局的意思。

stion 「刑天舞干戚，猛志固常在」的「戚」是指一種斧，那麼「干」是指什麼？

　　A. 盾牌　　　B. 矛　　　C. 刀　　　D. 劍

　　穿越千年的部落客說：（A）

　　干是盾，戚是斧。語出陶淵明《讀山海經》一詩。「刑天」是神話人物，因和天帝爭權，失敗後獲罪砍頭。但他不服輸，以兩乳為目，肚臍為嘴，依然手持著盾牌，揮舞著板斧。

stion 「名花解語」是用來形容什麼的？

　　A. 女子非常美麗　　　B. 花豔麗

　　C. 花通人性　　　　　D. 美女善解人意

　　穿越千年的部落客說：（D）

141

　　「名花解語」是用來形容善解人意的美麗女子。唐玄宗把楊貴妃比喻為能說話的名花，後世便以「名花解語」來比喻善解人意的美女。

Question **「垂青」一詞中的「青」是指什麼？**

　　A. 青色　　　　B. 一種定情之物

　　C. 黑眼珠　　　D. 玉石

　　穿越千年的部落客說：（C）

　　古時候稱黑眼珠為青眼，正視某人，表示看得起叫做「青眼相加」。

Question **在戰國時代之前，「百姓」是對什麼人的總稱？**

　　A. 奴隸　　　B. 平民　　　C. 貴族　　　D. 士兵

　　穿越千年的部落客說：（C）

　　戰國之前「百姓」是對貴族的統稱。戰國之後，是對平民的通稱。《詩・小雅・天寶》中有「群黎百姓」。其中所謂「百姓」，乃是指「百官族姓也。」

142

tion 我們常把那些一知半解，卻喜歡在人前賣弄的人叫做什麼？

A. 半截劍　　B. 半段槍

C. 半面　　　D. 半瓶醋

穿越千年的部落客説：（D）

「半瓶醋」比喻對某一門知識只是一知半解，卻好在人前賣弄的人。出自《古今雜劇‧無名氏〈司馬相如題橋記〉》：「如今那街上常人，粗讀幾句書，咬文嚼字，人叫他做半瓶醋。」也有人説「半瓶水，響叮噹」或「半瓶醬油響叮噹」都是一樣的意思。

stion 「各人有各體，你老在別人的體上纏什麼？」就是因為這句話，促成了什麼字體的形成？

A. 板橋體　　B. 柳體　　C. 顏體　　D. 懷體

穿越千年的部落客説：（A）

清朝「揚州八怪」之一的鄭板橋，不僅以畫竹聞名於世，在書法方面的造詣也很深。他雖已掌握了當代著名書法家的各種書體，但仍用功不輟。一次，他在妻子背上畫來畫去，研究勾、橫、撇、捺。妻子問他幹什麼？他説：「我在

練字。」妻子語意雙關地說：「各人有各體，你老在別人的體上纏什麼？」板橋一聽，恍然大悟，於是他便拋開了別人的碑帖，並博採眾長，融會貫通，創造出了板橋體。

Question 王維《送元二使安西》詩中云：「勸君更盡一杯酒，西出陽關無故人。」請問「陽關」位在玉門關的哪一邊？

　　A. 東　　　B. 南　　　C. 西　　　D. 北

穿越千年的部落客說：（B）

　　陽關位於河西走廊的敦煌市西南七十公里南湖鄉古董灘上，因坐落在玉門關之南而取名陽關。

Question 成語「安步當車」中形容如何走可以像坐車一樣？

　　A. 齊步走　　　B. 快走　　　C. 快跑　　　D. 慢慢走

穿越千年的部落客說：（D）

　　出自《戰國策·卷十一齊四》：「晚食以當肉，安步以當車，無罪以當貴，清靜貞正以自虞。」安是安詳、不慌忙的意思；安步就是緩步慢行。「安步當車」就是以從容的步行代替乘車。

「七月流火」是形容以下哪一個季節?

A. 炎炎夏日　　B. 夏去秋來

C. 春去夏來　　D. 秋去冬來

穿越千年的部落客說:(B)

「七月流火」並不是指最熱的時節,而是指天氣逐漸轉涼的時候。「七月」和「火」字,很容易讓人誤會這是七月的高溫,其實並不是喔。

搶答題

Question | **請猜成語：**

最吝嗇的人（　　　　　　）

最怪的動物（　　　　　　）

最高的柱子（　　　　　　）

最難做的飯（　　　　　　）

穿越千年的部落客說：

一毛不拔；虎頭蛇尾；一柱擎天；無米之炊。

Question | **請分別說出白領、藍領、粉領的含義及出現的年代。**

穿越千年的部落客說：

「白領」一詞，最早出現於1920年代，泛指辦公室的職員、教師、企業經理等。因他們上班時總是穿著白領襯衫和西服，因此而得名。

「藍領」一詞始見於1940年代，泛指從事體力勞動的工人，他們穿的工作服一般為藍色，故得名。

　　「粉領」一詞出現於1970年代之後，泛指在職場上工作的婦女。因婦女愛穿粉紅色服裝，因而得名。

stion **請按照以下要求，寫出帶有「馬」字的成語**

　　　馬□□□

　　　□馬□□

　　　□□馬□

　　　□□□馬

　　　穿越千年的部落客說：

　　　馬到成功；老馬識途；人困馬乏；心猿意馬

stion **「嘉年華」是個音譯詞，請問這個英文字的本意是什麼？**

　　　穿越千年的部落客說：

　　　「嘉年華」即英文「狂歡節」（carnival）的音譯，相當於中國人的「廟會」。

stion **古典文學名著《三國演義》中塑造了眾多性格鮮明的人物形**

象，請依照以下提示，答出正確的角色名稱。

（1）神機妙算，巧借東風。

（2）過五關斬六將。

（3）千里走單騎的英雄。

（4）這部書中有關答案（3）的傳奇故事還有許多，請寫出其中一個故事的名字。

穿越千年的部落客說：

答案依序為：諸葛亮；關羽；趙雲；《趙子龍單騎救主》。

有一家新開張的酒樓，在門口貼了一張紅紙，寫著：「終年倒運少有餘財」。張三看了就大聲念出來，一念完，立刻被趕出去。李四看了也大聲念出來，一念完，立刻被歡歡喜喜地迎進去。請問張三跟李四是怎麼念這張紅紙的？

穿越千年的部落客說：

張三念的是：「終年倒運，少有餘財。」

李四念的是：「終年倒運少，有餘財。」

stion 關於「半」字有很多謎語，請試著猜猜看下面這些題目，答
案都是一個字喔。

　　　（1）半加半減

　　　（2）半新半舊

　　　（3）半晴半雨

　　穿越千年的部落客說：

　　喊，昕，清。

stion 「東邊日出西邊雨」，猜一個字。

　　　$ 穿越千年的部落客說：

　　答案就是「汨」。

stion 下列題目中，前後二字的變化就是謎語的提示，射一成語。

例如：念→含：答案就是「有口無心」。

　　請試試看以下題目：

　　杭→航

　　忍→想

　　感→喊

　　題→頁

穿越千年的部落客說：

杭→航：木已成舟

忍→想：拔刀相助

感→喊：有口無心

題→頁：一無是處

Question **請寫出四個帶有「月」字的成語。**

穿越千年的部落客說：

披星戴月、日積月累、風花雪月、猴年馬月。

Question **古時有一戶住在小巷底的人家，不管是過路的，還是遛狗的，經常有人在牆角小便，弄得臭氣熏天。於是屋主寫了一張告示：「行人等不得在此小便。」但問題卻更嚴重了，請問路人是怎麼理解這張告示的呢？**

穿越千年的部落客說：

屋主的意思是：行人等，不得在此小便。

路人卻誤解成：行人等不得，在此小便。

從前有一位財主請了一位先生來家裡教兒子讀書。吝嗇的財主每天都想省錢，連吃飯都想省。

財主對教書先生說：「我家裡不寬裕，一切伙食從簡。」

教書先生說：「好吧，但簡單也得有個標準，咱們寫個契約，免得日後費口舌。」

財主欣然同意。

於是教書先生拿了一張紙，寫下十六個字。

財主一看，上頭寫：「無雞鴨亦可無魚肉亦可青菜一碟足矣」

財主以為教書先生的意思是說：「無雞鴨亦可，無魚肉亦可，青菜一碟足矣。」

「好，好！」財主當然滿口答應。

誰知第一天中午開飯，教書先生就大喊：「怎麼只一碟青菜？一點腥葷也沒有？」

財主說：「我是按契約辦事的呀！」教書先生拿出契約一念。

財主聽了心中千百個不願意，又怕聲張出去被人恥笑，只好每餐一葷一素伺候教書先生。

請問教書先生是怎麼讀的？

穿越千年的部落客說：

教書先生加上了標點，念道：「無雞，鴨亦可；無魚，肉亦可；青菜一碟，足矣。」這樣一來，每頓飯必須有一葷一素才符合契約所訂定的標準。

Question **以下謎語，射一對聯。**

龍　虎虎　望　山山山

湖湖湖湖湖　海海海海　會仙仙仙仙仙仙仙仙

穿越千年的部落客說：

一龍二虎望三山，五湖四海會八仙。

Question **下面是一個成語梯，每行只要再填入一個字，就能構成一句完整的成語。請試試看吧。**

閉門

流不息

久旱逢雨

神不知不覺

船到江心補遲

智者千必有一失

冰凍三尺一日之寒

少壯不努力老大傷悲

三個皮匠勝過一個諸葛亮

雞犬之聲相老死不相往來

橫眉冷對千夫指俯首甘為子牛

踏破鐵鞋無處得來全不費工夫

穿越千年的部落客説：

閉門（羹）

（川）流不息

久旱逢（甘）雨

神不知（鬼）不覺

船到江心補（漏）遲

智者千（慮）必有一失

冰凍三尺（非）一日之寒

少壯不努力老大（徒）傷悲

三個（臭）皮匠勝過一個諸葛亮

雞犬之聲相（聞）老死不相往來

橫眉冷對千夫指俯首甘為（孺）子牛

踏破鐵鞋無（覓）處得來全不費工夫

Question 這是一個添筆變字的題目，第一組有八個字，請你添上一
筆，把它變成另一個字。第二組也有八個字，請為每個字加
上兩點，把它變成另一個字。

　　（1）木、句、人、古、止、弋、未、晴

　　（2）兄、令、丘、干、人、馬、木、水

　　穿越千年的部落客說：

　　（1）禾、旬、大、舌、正、戈、朱、睛。

　　（2）兌、冷、兵、平、火、馮、米、冰。

Question 「歌手」的「手」表示什麼意思？

　　穿越千年的部落客說：

　　手是指有專業技能的人，或解釋為擅長某種技能的人，
或專做某種事的人。如：能手、高手、風琴手等等。

Question 以下謎語各射一成語，試試看吧。

　　最小的郵筒

　　最高的人

最大的被子

最大的手術

穿越千年的部落客説：

最小的郵筒──難以置信

最高的人──頂天立地

最大的被子──鋪天蓋地

最大的手術──改頭換面

這是鄭板橋擔任縣太爺時發生的故事。

當地有位老者，曾經喪偶，續弦又生一子。臨終時，老者寫下遺囑，關照家人在他死後才許拆封。待老人死後，家人打開遺囑，這才發現老者所寫文字完全沒有標點符號，因此惹來一場爭執。

老者前妻所生之女早已出嫁，女兒女婿認為父親的家產應歸他們。按照他們的解讀：七十老翁產一子，人曰非是也。家產盡付與女婿，外人不得干預。

這樣解法後妻自然不服，遂帶著幼子一狀告到縣太爺鄭板橋那兒。鄭板橋做了調查後，對孤兒寡母甚表同情，遂用朱筆在遺囑上圈點了幾下，當眾誦讀。

老者的女兒女婿聽了便再也無話可説了。

請問鄭板橋是如何標點的？

穿越千年的部落客説：

七十老翁產一子，人日：「非」，是也。家產盡付與，女婿外人不得干預。

傳說宋朝大學士解縉，少年家貧，常受財主欺侮。他家的矮屋正對著某財主的後花園，花園後牆邊長著長長的竹子，擋住了解家的陽光。解縉一向機智過人，便想鬥一鬥財主。某年春節，他寫了一副對聯貼在大門上：

「門對千竿竹，家藏萬卷書」

財主一看非常惱火，下令將竹子截短。第二天，解家的對聯變成：

「門對千竿竹短，家藏萬卷書長」

解縉利用「長」、「常」諧音的特點，又一次戲弄了財主。財主一怒之下把竹子砍光了。但第二天財主起床一看，這回真的氣得病倒在床上。原來解家門上的對聯又添了兩個字。請問是哪兩個字？

穿越千年的部落客説：

（門對千竿竹短）無，（家藏萬卷書長）有。

《扁鵲見蔡桓公》中的桓公對扁鵲的看法是：「醫之好治不病以為功。」請問是什麼意思。

穿越千年的部落客說：

「醫」是醫生的意思。「好」讀四聲，表示喜歡。「不病」指沒有生病的人。「以為功」就是當做自己的功勞。整句的意思是說：醫生總喜歡替沒有生病的人看病，還把他們的健康當做是自己的功勞。引申為：有些人不願意正視自己的缺點，反而對提出批評的人持有偏見。

抗日戰爭時期，日軍在淪陷區實行「強化治安」，大街牆上掛了一條標語：「有糧食不賣給國軍吃」。
標語的本意是：「有糧食，不賣給國軍吃！」企圖餓死國軍。但寫標語的人並沒有加標點。
第二天一早，這條標語被人加了一個逗號，就變成了完全相反的意思，回給了日軍一巴掌。請問被改成了什麼？

穿越千年的部落客說：
加上逗號後變成了：
有糧食不賣，給國軍吃！

Question 有位富紳以欺橫鄉里聞名。自從父子倆各自用錢買了「進士」功名之後，更加雞犬升天了，兩代老婆也都被封為「誥命夫人」。這年除夕，富紳按捺不住得意的心情，在門上貼了一副對聯：

　　父進士，子進士，父子同進士；

　　妻夫人，媳夫人，妻媳同夫人。

第二天家丁一開門看到對聯時，臉都白了，慌忙將老爺請了出來。富紳一看，氣得當場暈過去。原來，有人在對聯上加了幾個筆劃，意思竟變成：父死了，子死了，父子同死了；妻沒了男人，媳沒了男人，妻媳都沒了男人。

請你想想看，這副對聯是怎樣改的？

　　穿越千年的部落客說：

　　父進土，子進土，父子同進土；

　　妻失夫，媳失夫，妻媳同失夫。

Question 說出下列成語和哪些人物有關係：

　　紙上談兵

　　指鹿為馬

負荊請罪

穿越千年的部落客說：
紙上談兵——趙括
指鹿為馬——趙高
負荊請罪——廉頗。

stion 人說「近墨者黑」，但「近墨者未必黑」，正如周敦頤在《愛蓮說》中說的哪兩句話？

穿越千年的部落客說：
出淤泥而不染，濯清漣而不妖。

stion 請先將成語填完，再把所填的字按照順序連起來，猜一動物。
　　□針引線
　　□上添花
　　□冠禽獸
　　□星戴月
　　□顏薄命

□言巧語

□苦連天

□目了然

□東擊西

□天動地

□馬奔騰

□喻戶曉

穿越千年的部落客說：

穿錦衣披紅花叫一聲驚萬家（公雞）

Question 請舉出以一、二、三、四、五、六、七、八、九、十為開頭的俗語（包括成語、慣用語等）。

穿越千年的部落客說：

一心一意

二一添作五

三心二意

四通八達

五花八門

六六大順

七上八下

八九不離十

九牛二虎之力

十拿九穩

ion **請按照以下數字提示，猜成語。**

12345609

1256789

1+2+3

333555

510

9寸+1寸=1尺

穿越千年的部落客説：

12345609——七零八落；

1256789——丟三落四；

1+2+3——接二連三；

333555——三五成群；

510——一五一十；

9寸+1寸=1尺——得寸進尺。

Question 一年春節前夕，清代書畫家鄭板橋到郊外去辦事。路過一處人家，門上貼著對聯：上聯是「二三四五」；下聯是「六七八九」。

鄭板橋讀完後，立即掉頭就往自己家裡跑。不一會兒，他扛來一袋糧食，還拿著幾件衣服和一塊肉，急匆匆地走進那戶人家。只見屋裡的人吃不飽穿不暖，愁眉苦臉，送來的糧食、衣物正好救了他們的急，一家老小都十分感激鄭板橋。

奇怪的是，鄭板橋和這家人素不相識，單從門前的對聯就看出這家人的需要。這是為什麼？

如果說這副對聯是一個謎語，請猜一個成語？

穿越千年的部落客說：

缺衣少食（缺一少十）。

Question 請問符合下列描述的慣用語是什麼？

足智多謀的人

接待賓客的當地主人

公堂臺階下受審的囚犯

吝嗇錢財、一毛不拔的人

渾渾噩噩、不明事理的人

世故圓滑的人

沒有專業知識的外行人

技藝不精、勉強湊合的人

穿越千年的部落客說：

足智多謀的人──智多星

接待賓客的當地主人──東道主

公堂臺階下受審的囚犯──階下囚

吝嗇錢財、一毛不拔的人──鐵公雞

渾渾噩噩、不明事理的人──糊塗蟲

世故圓滑的人──老油條

沒有專業知識的外行人──門外漢

技藝不精、勉強湊合的人──三腳貓

下列著名的愛國詩句分別是誰寫的？

（1）男兒何不帶吳鉤，收取關山五十州。

（2）粉身碎骨渾不怕，要留清白在人間。

（3）一年三百六十日，都是橫戈馬上行。

（4）杖策只因圖雪恥，橫戈原不為封侯。

穿越千年的部落客說：

163

（1）李賀
（2）於謙
（3）戚繼光
（4）袁崇煥

Question 「紙上談兵」這句成語指的是哪個時代，哪位將領？請問這位將領在哪一次戰鬥中，因「紙上談兵」而遭遇到失敗？

穿越千年的部落客說：

戰國時期的趙國趙括；長平之戰。

Question 請用班、排、連、營、團、師、軍做起頭，分別組成一句成語。

穿越千年的部落客說：

班門弄斧；排山倒海；連篇累牘；營私舞弊；團結奮鬥；師出有名；軍令如山。

Question 請說出這些成語的下一句

（1）風聲鶴唳

（2）內修政策

（3）義者無敵

（4）射人先射馬

（5）勝在得威

穿越千年的部落客說：

（1）草木皆兵

（2）外治武備

（3）驕者先來

（4）擒賊先擒王

（5）敗在失氣

成語「五花八門」最初出自軍旅，請問「五花」指的是什麼？「八門」指的又是什麼？

穿越千年的部落客說：

「五花」是指五行陣（金、木、水、火、土）；「八門」是指八門陣式八卦陣。

Question 「成語接龍」是一種遊戲，前一成語末尾的字，必須和後一成語開頭的字讀音相同，且必須是四字成語。就這樣，所有成語首尾相接，就會成為一條「龍」。比如：神通廣大快人心猿意馬到成功敗垂成……。

（1）談笑風□離死□具一格□不□木三分

（2）取之不□人皆□難而退□兩□捨難……地。請繼續接龍，一直接到最後一字為「地」。

穿越千年的部落客說：

（1）生；別；格；入。

（2）盡；知；進；難；分庭抗禮尚往來日方長歌當哭天喊地。

Question 在《題臨安邸》中「山外青山樓外樓」下句是什麼？

穿越千年的部落客說：

西湖歌舞幾時休。

Question 說出歇後語的後半部分

矮子坐高凳──

八月的核桃——

稻草人救火——

擦脂粉進棺材——

炒鹹菜放鹽巴——

廁所裡掛個鐘——

外甥打燈籠——

豬鼻子插蔥——

穿越千年的部落客說：分別是：

矮子坐高凳——夠不著；

八月的核桃——擠滿了人（仁）；

稻草人救火——引火上身、同歸於盡；

擦脂粉進棺材——死要面子；

炒鹹菜放鹽巴——太閒（鹹）了；

廁所裡掛個鐘——有始（屎）有終；

外甥打燈籠——照舅；

豬鼻子插蔥——裝像（象）。

ion **什麼字，一滴水？**
什麼字，兩滴水？
什麼字，三滴水？

什麼字，四滴水？

什麼字，六滴水？

什麼字，十滴水？

什麼字，十一滴水？

穿越千年的部落客說：

永，冰，江，泗，洲，汁，汗。

請說出有「舌」字的成語。

穿越千年的部落客說：

七嘴八舌、妄口八舌、閉嘴淡舌、唇槍舌劍、張口結舌、笨嘴笨舌、鸚鵡學舌……等。

請說出下列作品集的作者

《孟襄陽集》

《樊川文集》

《昌黎先生集》

穿越千年的部落客說：

孟浩然；杜牧；韓愈。

Part. 3

旅行與風俗

GREAT COMMON
→SENSE←

藝術與人文
文字與起源
旅行與風俗
法律與常識

客機上，不管是乘客還是機組人員，全都沒有降落傘，這是真的嗎？在義大利的教堂裡有一種令人驚訝的裝飾物，請問那是什麼？在日本用餐時，要將筷子橫放還是豎放？被稱為「玫瑰之國」的是哪個國家？苗族民間用什麼樣的獨特方式為子女記歲？不論是到哪裡旅遊，什麼方式最合適、哪個景點最值得去、當地特有的風俗習慣是什麼，旅行前的準備是一大重點，旅行與風俗篇就像一位優秀的導遊，幫你解決各種問題。所以你所要做的，就是盡情享受旅遊帶來的樂趣。

GREAT
COMMON
SENSE

是非題

Question 廣西桂林到陽朔，灕江兩岸是世界上規模最大、風景最優美的岩溶景區，一向有「甲天下」之譽。

鄉民＊愛，流浪＊表示：（對）

　　從桂林市區到陽朔之間這段船程，真是世界上規模最大、景色最優美的岩溶景區。形態各異的青峰夾岸聳立，奇花異草點綴其間，深邃幽奇的岩溶洞穴遍佈群山之中，兩岸翠竹簇簇，農舍點點，風光旖旎，山水如畫，有「山青、水秀、洞奇、石美」四絕，更有「洲綠、灘險、潭深、流泉、瀑飛」之勝景。岩溶地形也被稱為喀斯特地形，是石灰岩受到水的溶解和侵蝕，形成鐘乳石、石筍、石柱等自然景觀。

Question 在吉普賽人的婚禮上，新娘必需滿臉悲傷，只有等到婚禮完畢，才能露出笑容。

鄉民＊愛，流浪＊表示：（對）

　　吉普賽人的婚禮一般選擇在花好月圓的良辰舉行。一來

表示吉利，二是藉著皎潔的月亮可以盡情地歡樂。婚前男方
要向女方贈送聘禮，聘禮是三袋價值十三美元的大米和一大
袋糖塊。婚禮大多在船上舉行，新郎必須到女方家迎親。

**軍機發生事故或者被擊中時，駕駛員總會跳傘逃生。小小的
一葉降落傘可以挽救人的生命。可是在一般客機上，不管是
乘客或是機組人員，卻全都沒有降落傘。**

鄉民＊愛，流浪＊表示：（對）

儘管跳傘是相當好的逃生方式，但卻需要相當嚴格的訓
練。對於沒有經過訓練的人來說，跳傘是相當危險的。事實
上飛機的小晃動或者機械故障，有時是可以正常排除的，跳
傘反而會造成傷亡事故，所以就連機組人員也沒有降落傘。
客機工作人員的職業道德要求他們一定要工作到最後一刻。

**在緬甸的巴洞地區，每一個家庭都以長脖為美。最年長的女
人就是脖子最長的，在大家眼中也是最美的。**

鄉民＊愛，流浪＊表示：（對）

在緬甸的巴洞地區，女孩子從五歲開始，就由村醫用一

根直徑為三分之一英吋的黃銅棒繞在女子的脖子上。第二次用雞骨占卜，確定黃道吉日再繞上幾圈。以後隨著年齡的增長，定期地加圈。婦女頸部套上一圈又一圈的黃銅環，抬高了頜骨，壓低了鎖骨。脖頸最長者可達三十公分。

Question **德國青年志願者的服務項目很多，經常義務為政府從事一些報酬低、又累又髒且沒人願意做的工作，如：幫替農民清潔煙囪。**

鄉民＊愛，流浪＊表示：（錯）

在德國，煙囪清潔工的報酬比一般公務員還高。所以，許多人都樂意從事此項職業。

Question **荷蘭有一種古老的習俗，就是當送喪行列經過風車旁邊時，風車就立刻停止工作，把車葉的位置微微移動，表示哀悼。**

鄉民＊愛，流浪＊表示：（對）

風車是荷蘭的標誌，荷蘭的風車有大有小。大風車有數層樓之高，風車裡可以住人，或用做堆放物品的倉庫，只有最高一層才是風車的轉動樞紐。

stion **儘管印度近年來經濟發展迅速，人民消費水準不斷提高，但最新的市場調查顯示，在麥當勞餐廳裡，印度顧客消費最多的還是便宜的炸薯條，而不願點價格較貴的牛肉漢堡。**

　　鄉民＊愛，流浪＊表示：（對）

　　因為牛是印度教的神物，不允許信徒食用。在印度，有80%以上的國民信奉印度教。

stion **古羅馬競技場裡同時囚禁著奴隸和猛獸。**

　　鄉民＊愛，流浪＊表示：（對）

　　羅馬競技場，是羅馬最宏偉的古建築之一，也是世界七大建築奇蹟之一。羅馬競技場始建於西元75年，動用了8萬名戰俘，修建達10年之久。建築高52公尺，為一座露天的圓形大理石建築。幾百年前，競技場因地震而部分倒塌。至今競技場內仍可看到囚禁奴隸和猛獸的地窖。

estion **每個泰國男子都必需出家一次，出家的時間可長可短。**

　　鄉民＊愛，流浪＊表示：（對）

　　在泰國，男子一輩子必須出家一次，兒童只需三天或七天，也可在佛寺讀書；青年人一般為三個月時間，但也有一兩個星期的。不願還俗的人，也可終身為僧。

Question　**日月潭位於廣西省。**

　　鄉民＊愛，流浪＊表示：（錯）

　　日月潭是臺灣著名的風景區，是臺灣八景中的絕勝，也是臺灣唯一的天然湖泊，其天然風姿可與杭州西湖媲美。

二選一

stion **紐約自由女神舉著火炬的是哪一隻手？**

　　A. 左手　　　B. 右手

鄉民＊愛，流浪＊表示：（B）

自由女神像右手高舉火炬，左臂抱著美國《獨立宣言》。

stion **向東飛行的飛機，在飛越國際換日線時，應將日期加一天還是減一天？**

　　A. 加上一天　　　B. 減去一天

鄉民＊愛，流浪＊表示：（B）

向東跨越國際換日線時，必需減去一天。

stion **一般家裡擺設的花朵都是用鮮花或是壁畫，但在義大利的教堂裡有一種令人驚訝的裝飾物。請問是什麼？**

A. 人的屍骨　　　B. 人的頭髮

鄉民＊愛，流浪＊表示：（A）

　　羅馬的卡布奇諾教堂就是用人骨裝飾的人骨教堂！最令人驚訝的是，這裡竟有4000多具的屍骨。這些屍骨是1528到1870年間在這裡修行的修行者留下的屍骨。教堂共分6間，每個屋子都用屍骨裝飾，有用屍骨堆成的祭壇、拱門，還有用屍骨做成的天花板。走廊裡有用屍骨做的燭臺，就連屍骨做的吊燈都有。

Question **小明要去西藏旅遊，媽媽要他多帶點糖，請問這個作法對嗎？**

　　A. 對　　　B. 不對

鄉民＊愛，流浪＊表示：（A）

　　在高原地區旅行應該多食用含糖食品，千萬不要過量飲酒，甚至最好戒酒。

Question **對我們而言，洗完衣服拿到陽台上晒乾，是一件再自然不過的事。但在巴黎卻沒有人這麼做，為什麼？**

A. 法律規定不許把衣服晾在窗外，否則就要罰款。

B. 巴黎的天氣不好，污染嚴重，所以巴黎人一般不在外面晾衣服，而用烘乾機把衣服烘乾。

鄉民＊愛，流浪＊表示：（A）

巴黎為了保持市容美麗，通過了不許在外面晾衣服的法律，曬被子就更不可以了。就算想砍院子裡的一棵樹，也要經過市政府允許。而屋子裡晾的衣服要是掉到外面，也都是犯法的。

stion **中嶽嵩山分為太室山和少室山。請問少林寺位於哪一座山裡？**

A. 太室山　　　B. 少室山

鄉民＊愛，流浪＊表示：（B）

少室山東距太室山約一萬公尺。據說，夏禹的第二個妻子塗山氏之妹就棲於此，人們於山下興建少姨廟敬之，所以這座山便被稱為「少室」。少室山的山勢陡峭峻拔，含有三十六峰。諸峰簇擁起伏，如旌旗環圍，似劍戟羅列，頗為壯觀。主峰御寨山，海拔1512公尺，為嵩山最高峰，山北五乳峰下就是聲威赫赫的少林寺。

179

Question 在日本用餐時，要將筷子如何置放？

A. 橫放　　　B. 豎放

鄉民＊愛，流浪＊表示：（A）

日本人和中國人一樣都使用筷子，不過日本人在用餐時是將筷子橫放在離自己最近的位置，一般放在靠左的地方。

Question 埃及的國花是什麼？

A. 睡蓮　　　B. 玫瑰

鄉民＊愛，流浪＊表示：（A）

睡蓮是埃及的國花，因為睡蓮有著朝開暮合的習性和放射狀展放的花朵，故成為古埃及崇拜太陽的象徵物。每一代的法老王都自稱是日出之神荷魯斯之子。

Question 乘客在搭乘國外航班時，必須購買的是哪一種保險？

A. 意外險　　　B. 兵險

鄉民＊愛，流浪＊表示：（B）

搭稱國外航班的乘客可自行決定是否向保險公司投保意外險。

Question **中國大陸有一個省份「四季無寒暑，一雨便成秋」，即使夏季去旅遊也必需帶一件毛衣。請問是哪個省份？**

　　A. 四川　　　　B. 雲南

鄉民＊愛，流浪＊表示：（B）

　　昆明地理位置屬亞熱帶，然而境內大多數地區夏無酷暑，冬無嚴寒，是典型的溫帶氣候，素以「春城」享譽中外。昆明的特點是「四季如春」，但是「一雨成冬」（尤其是在冬季），意思是說，一下雨，溫度就會在短時間內驟降。

Question **世界旅遊組織將哪一天定為世界旅遊日？**

　　　　A. 5月13日　　　　B. 9月27日

鄉民＊愛，流浪＊表示：（B）

世界旅遊日是在1979年9月27日，世界旅遊組織第3次代

表大會上確定的。選定這一天為世界旅遊日，除了因為世界旅遊組織的前身「國際官方旅遊聯盟」於這一天在墨西哥特別代表大會上通過世界旅遊組織章程。另外，也因為這個時間剛好是北半球的旅遊高峰剛結束，南半球的旅遊旺季即將到來的交接時間。

Question **阿里山的姊妹潭中，哪一個潭呈圓形？**

A. 姊潭　　　B. 妹潭

鄉民＊愛，流浪＊表示：（B）

阿里山的姐妹潭，是兩個大小不同，彼此相鄰的高山湖泊，分別被稱為姊潭和妹潭。姊潭呈長方形，長約80公尺，寬約40公尺；妹潭呈圓形，直徑40公尺，四周群山環繞，林木蔥郁，山水相映，是一處風景優美的天然湖泊景觀。

Question **每年2月3日家家都要繞著自家撒豆子，一面撒一面高聲喊：「好運進來，妖魔走開！」並且按照歲數多寡決定撒多少豆子。請問這是哪個國家的習俗？**

A. 日本人　　　B. 韓國人

鄉民＊愛，流浪＊表示：（A）

這一項日本風俗的起源已無從稽考，不過在許多文化裡，都認為豆子具有不可思議的神力，可能由於豆子外形有些像人的腎臟或睪丸，象徵更新和生育力。日本人把這個節日叫做撒豆之夜，慶祝冬天過去，春天來臨，各寺廟和神社也都會為這個節日舉辦慶典。

Question

南京有「六代帝王國，三吳佳麗城」之稱。曾在南京建都的東吳、東晉，南朝的宋、齊、梁、陳，又被稱為什麼？。

A. 三朝　　B. 六朝

鄉民＊愛，流浪＊表示：（B）

六朝是指西元3至6世紀間，在南京建都的六個王朝：東吳、東晉、宋、齊、梁、陳。南京城至今已有近2500年歷史，「六朝金粉帝王州」是形容南京在六朝時期的盛況。

Question

中國境內少數民族眾多，其中人口最多的少數民族是哪一支？

A. 朝鮮族　　B. 壯族

鄉民＊愛，流浪＊表示：（B）

壯族是中國境內人口最多的少數民族，據1997年的統計，居住在廣西的壯族人口已達1517餘萬人。

Question **杭州西湖因何得名？**

A. 位於杭州西面　　　B. 像西施一樣美麗

鄉民＊愛，流浪＊表示：（A）

西湖位於杭州西面，因此得名。

Question **哪座城市被稱為「音樂之城」？**

A. 巴黎　　　B. 維也納

鄉民＊愛，流浪＊表示：（B）

「音樂是維也納的靈魂，沒有音樂也就沒有維也納。」維也納是一座歷史悠久的名城。18世紀以來成為歐洲古典音樂的中心、華爾滋舞曲的故鄉。

三選一

湘繡是四大名繡之一，以繡什麼聞名？

A. 虎　　　B. 豹　　　C. 貓

鄉民＊愛，流浪＊表示：（A）

獅、虎是湘繡的傳統題材，特別以虎更為著名。

請問以下哪個地方，既是法國最大的皇宮建築，又是世界上最著名的藝術殿堂？

A. 羅浮宮　　　B. 凡爾賽宮　　　C. 盧森堡

鄉民＊愛，流浪＊表示：（A）

羅浮宮位於巴黎市中心塞納河北岸，總面積達19.8公頃，建築物面積4.8公頃，全長680公尺。盧浮宮建築並不高，地面只有三四層，但幅員廣，是歐洲面積最大的宮殿建築，也是世界上最大的美術博物館。

Question **舉世聞名的泰姬瑪哈陵在哪裡？**

A. 泰國　　　B. 印尼　　　C. 印度

鄉民＊愛，流浪＊表示：（C）

泰姬瑪哈陵（The Taj Mahal）是世界聞名的印度伊斯蘭建築。位於印度北方邦亞格拉市郊（Agra, Uttar Pradesh, India）。泰姬瑪哈陵是莫臥爾王朝第五代皇帝沙賈罕（Mughal emperor Shah Jahan）為其愛妻泰姬・瑪哈所修建的陵墓。始建於1631年，每天動用2萬名工匠，歷時22年才完成。

Question **位於北京的天壇古時候是用來做什麼的？**

A. 觀測天象　　　B. 皇帝登基典禮　　　C. 祭天

鄉民＊愛，流浪＊表示：（C）

北京的天壇是古代皇帝祭天的地方。

Question **古詩有云：「洞庭天下水，岳陽天下樓。」請問岳陽樓坐落在什麼湖上？**

A. 西子湖　　　B. 太湖　　　C. 洞庭湖

186

鄉民＊愛，流浪＊表示：（C）

　　岳陽樓坐落於湖南省洞庭湖畔，岳陽市西門的城牆上。岳陽樓與武昌的黃鶴樓、南昌的滕王閣齊名，並稱為中國長江流域的「三大名樓」。登樓俯瞰洞庭湖，水面煙波浩渺，蒼蒼茫茫，湖天一色，素有「洞庭天下水，岳陽天下樓」的美譽。

stion **請問白鹿洞書院位於中國哪個省境內？**
　　A. 安徽省　　　B. 湖南省　　　C. 江西省

鄉民＊愛，流浪＊表示：（C）

　　在江西省九江市廬山區海會鎮與星子縣的交界處，坐落著中國四大書院之一的白鹿洞書院。白鹿洞原是唐代洛陽人李渤年輕時隱居求學之地。李渤養有一頭白鹿自娛，白鹿十分馴服，常隨主人外出走訪遊玩，還能幫主人傳遞信件和物品，因此李渤被稱為白鹿先生，書院就被稱為白鹿洞。

estion **澳洲的聖誕老人總是與其他地方不太一樣，這是因為什麼原因呢？**

A. 因為他們沒有鬍鬚

B. 因為他們用袋鼠拉車

C. 因為他們穿著短褲、背心

鄉民＊愛，流浪＊表示：（C）

澳洲的耶誕節正值仲夏，天氣很熱，所以這裡的聖誕老人總是穿著短褲和背心。

Question 中國的長江全長6300公里，是中國第一大河，請問長江最後注入哪一座海洋？

A. 東海　　　B. 黃海　　　C. 北海

鄉民＊愛，流浪＊表示：（B）

長江的上游是金沙江，最後流到上海注入黃海。

Question 請問在中國有「日光城」之稱的城市是哪一個

A. 昆明　　　B. 廣州　　　C. 拉薩

鄉民＊愛，流浪＊表示：（C）

拉薩每年平均日照總時數多達3005.3小時，平均每天有

8小時15分鐘。比在同緯度地區幾乎多了一半，比四川盆地多了2倍。這麼多的日照時間，使這個城市得到了「日光城」之稱。

中國北京的故宮又被稱為紫禁城，請問「紫」是指什麼？

　　A. 皇宮城牆的顏色

　　B. 紫微星

　　C. 滿語神聖之意

　　鄉民＊愛，流浪＊表示：（B）

　　在古代中國，人們把星座分為三垣二十八座，位居三垣中央的就是「紫微星」，被認為是玉皇大帝居住的地方。皇帝以天子自居，所以生活的地方也必須暗合紫微之意。

希臘國歌有一項特點，請問是哪一項？

　　A. 創作最早　　　B. 歌詞最長　　　C. 作者最多

　　鄉民＊愛，流浪＊表示：（B）

　　創作於西元1823年的《自由頌》，總共有158段。

Question 請問中國舉世聞名的壺口瀑布位於哪個省份？

A. 湖北　　　B. 山西　　　C. 甘肅

鄉民＊愛，流浪＊表示：（B）

壺口瀑布是黃河唯一的大瀑布，是山西名勝，位於山西省吉縣西南49公里，與陝西省宜川縣相鄰。

Question 苗族的民間習慣用什麼方法為子女記歲？

A. 在牆上劃橫線

B. 在樹上掛紅包

C. 在籬笆上掛雞腿骨

鄉民＊愛，流浪＊表示：（C）

苗族民間的記歲風俗依然流行於今天的廣西隆林各族自治縣。當子女過生日時，父母殺雞慶賀，然後把吃剩的一對雞腿骨掛在籬笆上，一直掛到十七歲。當地人們問孩子年齡時，只問幾對雞骨，不問幾歲。

Question 中國有「三大火爐」，分別是武漢、重慶和哪一座城市？

A. 上海　　B. 成都　　C. 南京

鄉民＊愛，流浪＊表示：（C）

　　長江中下游地區有一區屬於夏季高溫區，如：南京、武漢和重慶，一年之中有長達20天以上「日最高氣溫」超過35℃，甚至還出現過40℃以上的高溫。所以人們也稱這三個城市為「三大火爐」。

四選一

Question 請問以下哪一國人會把心愛的人稱為「捲心菜」？

A. 義大利人　　B. 美國人

C. 芬蘭人　　　D. 法國人

鄉民＊愛，流浪＊表示：（D）

　　世界各國由於風俗習慣不同，對情人的稱謂也各不相同。美國人把戀人稱為「蜜」。法國人把心愛的人稱為「捲心菜」。義大利人對愛人常稱「小甜菜」。波蘭人把情人比喻為「餅乾」。立陶宛人把心愛的人稱為「啤酒」。以色列人叫愛人為「我的大蒜」。阿拉伯人稱妻子為「我的胡瓜」。浪漫的維也納人用「我的小蝸牛」來稱呼心愛的人。最妙的算是墨西哥人，他們稱愛人為「爆炸的火山」，非常熱情。

Question 下列幾個峽谷中最深的是哪一個？

A. 虎跳峽　　B. 三門峽

C. 劉家峽　　D. 巫峽

鄉民＊愛，流浪＊表示：（A）

　　長江上的虎跳峽比其他三個峽谷都要深，屬於深窄的峽谷地形。兩岸雪山對峙，谷底到山頂之差達3000多公尺，比科羅拉多大峽谷深1500多公尺。枯水期時，江中巨石裸露，以猛虎可以一跳而過得名。

ion　巴西的通用語言是以下哪一項？

　　A. 英語　　　B. 巴西當地語
　　C. 法語　　　D. 葡萄牙語

鄉民＊愛，流浪＊表示：（D）

　　在古時候，巴西是印第安人的居住地。直到1500年4月22日，葡萄牙航海家卡布拉爾到達巴西，16世紀之後便淪為葡萄牙殖民地。1807年時拿破崙入侵葡萄牙，葡萄牙王室逃到巴西後，巴西順理成章地成為葡萄牙的帝國中心。經過歷史變遷，在1967年改國名為巴西聯邦共和國。因此，自然而然地葡萄牙語便發展為巴西的通用語言了。

on　雅典之名起源於什麼？

A. 建築物的名字　　B. 神的名字

C. 海洋的名字　　D. 山脈的名字

鄉民＊愛，流浪＊表示：（B）

雅典之名起源於古希臘女神雅典娜之名。

Question 「踩高蹺」屬於哪種民間歌舞表演形式？

A. 二人轉　　B. 獅子舞

C. 秧歌　　D. 花鼓舞

鄉民＊愛，流浪＊表示：（C）

高蹺，又稱高蹺秧歌。秧歌的表演形式分為地秧歌（徒步在地面上歌舞）與高蹺（雙腿綁上木蹺踩在地上歌舞）兩種。

Question 中國著名的九寨溝因為境內有九個什麼民族的村寨而得名？

A. 漢族　　B. 壯族　　C. 藏族　　D. 回族

鄉民＊愛，流浪＊表示：（C）

九寨溝自然保護區位於四川，面積有6萬公頃，因溝內

有九個藏族村寨而得名，境內富含森林自然景觀和珍稀動物，是一個很美麗的風景保護區。

北京的第一高峰在哪裡？

A. 靈山　　　B. 海坨山　　　C. 白草畔　　　D. 百花山

鄉民＊愛，流浪＊表示：（A）

靈山自然風景區頂峰海拔2302公尺，是北京的第一高峰，西與龍門森林公園毗鄰，東與龍門澗景區相連。由於其海拔高度所致，靈山集斷層山、褶皺山於一體，是一個以奇峰峻峭、花卉豐富聞名的自然風景區。

世界上最早利用地熱發電的是哪一個國家？

A. 中國　　　B. 英國　　　C. 義大利　　　D. 法國

鄉民＊愛，流浪＊表示：（C）

義大利的皮也羅‧吉諾尼‧康蒂王子於1940年在拉德雷羅首次把天然的地熱蒸氣用於發電。

Question 位於山西洪洞縣的明代監獄，因誰的故事而著名？

A. 蘇三　　　B. 竇娥　　　C. 於謙　　　D. 海瑞

鄉民＊愛，流浪＊表示：（A）

明代監獄，俗稱「蘇三監獄」，膾炙人口的蘇三起解，故事就是發生在這兒。明正德年間（1505～1521年）北京名妓蘇三在洪洞縣蒙冤落難，囚於此監。

Question 中國四大名亭分別是醉翁亭、陶然亭、愛晚亭和以下哪一項？

A. 半山亭　　　B. 湖心亭

C. 楓林亭　　　D. 風波亭

鄉民＊愛，流浪＊表示：（B）

醉翁亭位在安徽滁縣琅琊中。歐陽修被貶到滁州任太守時，常與賓客於亭中飲酒，自稱「醉翁」，故起名「醉翁亭」。陶然亭位在北京宣武區西南，初名「江亭」，後因唐代詩人白居易的詩句「更待黃花家釀熟，與君一醉一陶然」而命名為陶然亭。愛晚亭位於湖南長沙的嶽麓山上，後人取唐朝詩人杜牧的「停車坐愛楓林晚，霜葉紅於二月花」的詩句稱為「愛晚亭」。湖心亭位於西湖中心的小島上，又叫振

鷺亭。明朝張岱在《西湖夢尋》裡讚美湖心亭的風姿：「遊人希之如海市蜃樓，煙雲吞吐，恐勝王閣、岳陽樓俱無其偉觀也。」

台灣鐵路的鐵軌寬度是多少？

A. 1.067公尺　　B. 1.435公尺
C. 1.535公尺　　D. 1.635公尺

鄉民＊愛，流浪＊表示：（A）

鐵軌寬度又叫軌距，分為標準軌、窄軌和寬軌三種。1937年之後，國際鐵路協會制定出標準軌的軌距為1.435公尺，小於這個軌距的叫做窄軌，大於1.435公尺的就叫寬軌。兩種軌距各有利弊，窄軌適用於崎嶇山路，寬軌則可提供高速服務。台灣鐵路於清朝期間興建，當時使用的是與日本相同的窄軌1.067公尺，後來相繼完成的鐵路建設也就沿用同一標準。1958年之後中華民國政府亦制定以標準軌為國家標準，因此台灣高鐵及捷運所使用的軌距都是1.435公尺的標準軌。

在內蒙古大草原裡，牧民們大多都住在蒙古包中。請問搭建

蒙古包而不建房子的原因是什麼？

A. 節省空間　　　　　B. 節省建築費用

C. 適應遊牧生活　　　D. 美觀

鄉民＊愛，流浪＊表示：（C）

搬家是牧民生活的一大特點，根據草場和季節的情況，一年要搬家四、五次，甚至到十來次都有。

Question　以下哪一項為江南第一高塔？

A. 靈穀塔　　　　　　B. 舍利塔

C. 羅漢院雙塔　　　　D. 北寺塔

鄉民＊愛，流浪＊表示：（D）

北寺塔巍然聳立於蘇州市城北，是一座典型的磚木結構樓閣式佛塔，在蘇州諸塔中尤稱雄偉，歷來都是蘇州的重要標誌。共有八九層，規模宏大，重簷覆宇，與杭州的六和塔屬同一類型的建築。塔高76公尺，為江南第一高塔。

Question　中華境內民族眾多，每個民族都有自己獨特的風俗和節日。請問「火把節」是哪個民族的傳統節日？

198

A. 高山族　　　B. 壯族　　　C. 彞族　　　D. 回族

鄉民＊愛，流浪＊表示：（C）

　　彞族過火把節時，一到夜晚，各村寨即點燃火把，炬火散佈於田野山鄉，頗為壯觀。彞民用火炬照田，象徵占歲豐收。民間傳說認為，過火把節就是要引穀穗出來看火把，耍火把則是為了撲滅秧苗的病蟲害。

ion **在馬來西亞，以下哪一項絕對不能作為禮物送給別人？**

A. 手錶　　　B. 拖鞋　　　C. 洋娃娃　　　D. 蠟燭

鄉民＊愛，流浪＊表示：（C）

　　因為馬來西亞這個國家嚴禁偶像，所以像「洋娃娃」這類外形類似人像的東西，也禁止放在家中當裝飾品。因此絕對不能送這種禮物給別人。有趣的是在訂婚儀式中，拖鞋、蠟燭等都是習俗上必送的東西。

ion **中國境內現存最大的喇嘛塔位於哪裡？**

A. 白塔寺　　　B. 護國寺

C. 柏林寺　　　D. 白雲觀

199

鄉民＊愛，流浪＊表示：（A）

妙應寺，俗稱白塔寺，位於北京市西城區阜成門內大街上。始建於元代，原名「大聖壽萬安寺」，寺內的白塔是中國現存年代最早、規模最大的喇嘛塔。

Question **「商務中心區」的英文縮寫是以下哪一項？**

A. CIA　　　B. CAD　　　C. CBD　　　D. CEO

鄉民＊愛，流浪＊表示：（C）

如今商務活動逐漸規模化，不管是國家甚或只是一座城市，商務活動經常高度集中在某一地區，這種區域統稱為CBD（Central Business District）。

Question **請問元朝京師「元大都」的哪一面僅有兩個門？**

A. 東　　　B. 南　　　C. 西　　　D. 北

鄉民＊愛，流浪＊表示：（D）

遼代所建之城牆四面都有門，金朝時期都城（又稱金中都）三重城牆原有十二道門，東北郊闢為宮苑禁地後，又新

闢一個光泰門。元朝大都外城北面有二道門，其餘幾面皆三道門。明清以來，內城有九道門，外城有七道門。清朝以後又增闢了和平門、建國門、復興門。這些城門的建置，都是遵從風水先生的建議，歷經各代帝王而興建的。

有「白銀之國」之稱的是以下哪一個國家？

　　A. 墨西哥　　　B. 中國　　　C. 委內瑞拉　　　D. 印度

　　鄉民＊愛，流浪＊表示：（A）

　　墨西哥又叫「白銀之國」，該國白銀產量占世界總產量的16%，是白銀產量第一大國。早在印第安時代人們就開始開採並使用白銀了。

五嶽之中，境內文物古跡的數量最多，品質最好的是哪一座？

　　A. 泰山　　　B. 恆山　　　C. 嵩山　　　D. 衡山

　　鄉民＊愛，流浪＊表示：（C）

　　嵩山境內名勝古跡有六最：

　　禪宗祖庭——少林寺；

201

現存規模最大的塔林──少林寺塔林；

現存最古老的塔──北魏嵩嶽寺塔；

現存最古老的石闕──漢三闕；

樹齡最高的柏樹──漢封「將軍柏」；

現存最古老的觀星台──告城元代觀星台。

Question **下列哪一項是南京著名古寺之一？**

        A. 棲霞寺   B. 兜率寺

        C. 靈穀寺   D. 雞鳴寺

鄉民＊愛，流浪＊表示：（D）

位於南京的南朝首剎雞鳴寺，又稱古雞鳴寺，是南京最古老的梵剎之一。

Question **「蜃樓疑海上，鳥道沒雲中」讚美的是以下個地方？**

        A. 懸空寺   B. 黃山

        C. 張家界   D. 莫高窟

鄉民＊愛，流浪＊表示：（A）

懸空寺距地面高約50公尺，其建築特色可以概括為

「奇、懸、巧」三個字。特殊之處在其建寺設計與選址，懸空寺處於深山峽谷中的一個小盆地內，全寺懸掛於石崖中間，石崖頂峰突出部分好像一把傘，可保護古寺免受雨水沖刷。山下的洪水氾濫時，也免於被淹。四周的大山減少了陽光照射的時間。這樣優越的地理位置，可説是懸空寺能完好保存的重要原因之一。

tion 　我們常用「天涯海角」來形容很遠很遠的地方，事實上，確實有一個地方叫「天涯海角」，請問它在哪裡？

　　A. 雲南　　　　B. 海南　　　C. 四川　　　D. 甘肅

鄉民＊愛，流浪＊表示：（B）

　　天涯海角風景區位於離三亞市區約23公里的天涯鎮下馬嶺山腳下，前海後山，風景獨特。步入遊覽區，沙灘上那一對高10多公尺、長60多公尺的青灰色巨石赫然入目。兩石分別刻有「天涯」和「海角」字樣，意為天之邊緣，海之盡頭。「天涯海角」就是由此得名。

stion 　世界上面積最大的宮殿是哪一座?

　　A. 克里姆林宮　　　　B. 愛麗舍宮

C. 北京故宮　　　　D. 白宮

鄉民＊愛，流浪＊表示：（C）

　　北京故宮又稱紫禁城，位於北京市中心，為明、清兩代的皇宮，曾有24位皇帝相繼在此登基執政。始建於1406年，至今已超過600年。北京故宮是世界上現存規模最大，保存最完整的古代木造建築群。

Question　台北市的市花是什麼花？

　　　　A. 桂花　　　B. 月季　　　C. 荷花　　　D. 杜鵑

鄉民＊愛，流浪＊表示：（D）

　　台北市花是杜鵑花，市樹是榕樹，市鳥是台灣藍鵲。

Question　聖誕老人並非憑空捏造，而是真有其人，請問他真正的身分是以下哪一項？

　　　　A. 一個善良的主教　　　B. 一個富有的商人

　　　　C. 一個有愛心的婦人　　　D. 一個開心的窮老頭

鄉民＊愛，流浪＊表示：（A）

　　聖誕老人並不住在北極附近，而是住在地中海，相傳就是四世紀土耳其的邁拉主教聖尼古拉斯（Nicolas de Myre）。這位主教專門護佑兒童和未婚女子，傳說他送了三袋金子給三位出身高貴但家境貧困的女子，作為妝奩，以免她們淪為妓女。這個故事流傳到荷蘭之後，三袋金子變成了一大袋禮物，由聖誕老人在12月6日聖尼古拉斯節分送給兒童。

四合院盛行於哪個朝代？

　　A. 宋朝　　　B. 元朝　　　C. 明朝　　　D. 清朝

鄉民＊愛，流浪＊表示：（B）

　　四合院於元朝開始盛行，通常由東西南北四面房屋合圍成口字形，中心是種植樹木花草的庭院，相鄰四合院之間的通道被稱為「胡同」。北京明清舊城內的民居，基本上都是四合院建築。

荷蘭的國花是以下哪一項？

　　A. 玫瑰　　　B. 鬱金香　　　C. 百合　　　D. 紫羅蘭

鄉民＊愛，流浪＊表示：（B）

　　鬱金香是百合科多年生的球根植物，每年春天開花，豔麗動人，顏色相當多，甚至還有黑色的鬱金香呢！第二次世界大戰期間，從西元1944年到1945年的冬季，荷蘭人稱為「可怕饑荒的冬季」。當時荷蘭境內食物缺乏，許多人就拿鬱金香的球根當做食物，度過饑荒。此後就將鬱金香奉為國花，大量栽植。

Question 　**「騎在羊背上的國家」是指以下哪一個國家？**

A. 外蒙古　　　B. 澳大利亞

C. 新西蘭　　　D. 巴西

鄉民＊愛，流浪＊表示：（B）

　　當年第一批來到澳大利亞的移民將20幾隻羊帶到這塊土地，由於當地草原廣布，中央大盆地自流井較多，適合畜牧業發展。而今在澳洲地區，羊的數量依舊比人還多20倍。

Question 　**請問感恩節是在每年12月的第幾個星期四？**

A. 一　　　B. 二　　　C. 三　　　D. 四

鄉民＊愛，流浪＊表示：（D）

　　感恩節是在每年12月的第四個星期四。這一天晚餐習慣上會吃火雞及蔓越橘甜醬和南瓜餡餅。這個風俗始於1621年，當時剛從英國移民到美洲定居的清教徒舉行宴會時，總會邀請鄰近幫助他們在此定居的印第安人一起來慶祝豐收。1863年，林肯總統宣佈將這個傳統節日定為國定假日，每年的這一天都要舉行盛大的遊行，教堂也會舉辦感恩節禮拜。如今在大部分國家和地區，這一節日已深入人心。

「早穿棉襖午穿紗，抱著火爐吃西瓜」，請問這句話説的是下列哪個地方的氣候特徵？

　　A. 青海　　　B. 四川　　　C. 貴州　　　D. 新疆

鄉民＊愛，流浪＊表示：（D）

　　新疆晝夜溫差大，這句話説的是新疆的氣候特色。

提起埃及，人們就會聯想到舉世聞名的金字塔和獅身人面像。獅身人面像的額角上雕著代表國王的標誌，請問是什麼標誌？

　　A. 獅子　　　B. 羊　　　C. 牛　　　D. 眼鏡蛇

鄉民＊愛，流浪＊表示：（D）

埃及的獅身人面像是世界上現存最古老的巨大石像之一。長37.5公尺，高20公尺，臉部寬4公尺，是用岩石雕鑿而成的。石像的臉型仿造古埃及最高權威法老的臉龐，頭戴國王頭巾，額角上雕有代表國王的眼鏡蛇標誌，身體呈獅子的形狀代表萬獸之王。

Question **被稱為「玫瑰之國」的是哪個國家？**

A. 保加利亞　　　B. 匈牙利

C. 法國　　　　　D. 澳大利亞

鄉民＊愛，流浪＊表示：（A）

在保加利亞有一個玫瑰谷，經過300多年的培植，那兒盛產了7000多種玫瑰，成為吸引各國旅客的旅遊勝地。保加利亞特產的卡贊勒克玫瑰，相傳是女神用自己鮮血澆灌出來的，特別紅也特別香。其實這種玫瑰原產亞洲，直至6世紀末才傳入當地。

搶答題

stion **在現代，「香格里拉」一詞被引申為什麼意思？**

　　鄉民＊愛，流浪＊表示：
　　世外桃源。

stion **唐代詩人崔顥登黃鶴樓，感慨賦詩：「昔人已乘黃鶴去，此地空餘黃鶴樓。黃鶴一去不復返，白雲千載空悠悠。晴川歷歷漢陽樹，芳草萋萋鸚鵡洲。日暮鄉關何處是，煙波江上使人愁。」**

傳說詩仙李白登臨黃鶴樓，發現崔顥的詩，連稱「絕妙」，於是寫下四句打油詩抒發感慨：「一拳捶碎黃鶴樓，兩腳踢翻鸚鵡洲，眼前有景道不得，崔顥題詩在上頭。」便擱筆不寫了。

後人便在黃鶴樓東側另外修建了一座亭子，使這個故事傳為佳話。請問這座亭子叫什麼名字？

　　鄉民＊愛，流浪＊表示：

擱筆亭。

Question 春秋五霸之一的楚莊王在繼位初期，朝政皆由令尹鬥越椒獨攬。鬥越椒的野心極大。楚莊王考慮到自己登基不久，民心未定，在朝中威信不足，只好假裝沉迷酒色，無心過問朝政。終於有一天，朝中大臣問楚莊王：「臣看見城內鳳凰山上有一隻身披五彩的神鳥，可是為何三年來牠既不動、也不飛、亦不鳴？」請問楚莊王回答了什麼？

鄉民＊愛，流浪＊表示：

楚莊王回答：「如果牠真的是神鳥，不動是為了定意志，不飛是為了長羽翼，不鳴是為了察民情。三年不鳴，一鳴驚人；三年不飛，一飛沖天。」後來一代英主楚莊王終於成就了偉業。

Question 在湖北洪山一帶盛產一種植物，莖葉色紫。傳說寶通寺鐘聲所及的地方，出產的品質最好，其中又以洪山寶塔塔影所及之處出產者為上等。請問這是什麼植物？

鄉民＊愛，流浪＊表示：

這種植物叫洪山菜苔，又名紫菘，故有「塔影鐘聲映紫菘」之説。

蘇州已有三千多年歷史，是著名的絲綢之鄉。請問蘇州的傳統是什麼？

鄉民＊愛，流浪＊表示：
「家家養蠶，戶戶刺繡」。

與山西刀削麵、兩廣伊府麵、北方炸醬麵、四川的擔擔麵並稱的武漢美食是什麼？

鄉民＊愛，流浪＊表示：
武漢熱乾麵。

相傳三國時期蜀將關羽行軍至某地，無水可飲，乾渴難忍。關羽於是以刀卓地，泉水應聲噴湧。人們因此稱此地為什麼？

鄉民＊愛，流浪＊表示：

卓刀泉。

Question
木蘭山的位置與名稱有什麼由來？

鄉民＊愛，流浪＊表示：

位於黃陂區城北30公里處，是歷代佛教和道教的聖地，也是傳說中古代巾幗英雄花木蘭的出生地，因此而得名。

選我選我！

知識百科

大考驗

GREAT COMMON
→SENSE←

你都猜到
了嗎？

藝術與人文　文字與起源　旅行與風俗　法律與常識

Part. 4

法律與常識

GREAT COMMON
→SENSE←

法律與常識

旅行與風俗

文字與起源

藝術與人文

埃及等阿拉伯國家的《婚姻法》允許一夫多妻的。但最多只能娶多少個？「畫地為牢」的「牢」在古代是指什麼？這裡有關於法律的各種題目，一起來了解吧。

GREAT COMMON SENSE

Question 國民有納稅的義務。

眼鏡蛙仔的精闢見解：（對）

國民有納稅的義務，政府可依法進行課稅。

Question 1972年3月11日，西班牙法院對郵差布里爾‧格蘭多作出了目前為止世界上最長的徒刑判決，總刑期為384912年。

眼鏡蛙仔的精闢見解：（對）

根據該國法律規定，丟失一封信必須判刑9年。而這位郵差在9年期間丟失信件40000多封，故總刑期為384912年，等於人類從古時候的類人猿模樣開始，直到變成現今模樣所需要的時間。

Question 「艾哈邁德是一位埃及富商，他在國外娶了第五位妻子。孰

知回國後竟被元配夫人以重婚罪起訴，結果艾哈邁德被判有罪入獄。」一般來說在埃及不可能發生這種情況，因為當地法律允許一夫多妻制。

眼鏡蛙仔的精闢見解：（錯）

在埃及等阿拉伯國家的婚姻法允許成年男子最多只能娶四名妻子。一旦超出這個數字，即被認定為重婚。

Question 在美國馬里蘭州有一位6歲小孩突發重病，母親外出尋醫出診，終於治好了孩子的病。但醫生在得知該位母親外出尋醫，僅留孩子一人在家後，以母親不履行監護義務為由告上法庭。結果法庭認為母親的做法並無過失，判定醫生敗訴。

眼鏡蛙仔的精闢見解：（錯）

因為美國法律不允許10歲以下的未成年小孩單獨留在家中，所以這場官司勝訴的人是那位醫生。

Question 直至目前為止法庭審判現場旁聽人數最多的審判，是1959年1月20日在古巴哈瓦那體育館的公審，受審者是作案108次的殺人犯勒休斯·索沙·布朗哥，旁聽人數多達10000人。

眼鏡蛙仔的精闢見解：（錯）

旁聽人多達17000人。

Question **挪威1935年版《刑法》規定：凡私人住宅在房門上鎖的情況遭小偷，即判定偷竊者有罪；若未鎖房門而失竊，則判定偷竊者無罪。**

眼鏡蛙仔的精闢見解：（錯）

挪威18世紀的法律中有這樣的規定，但早在19世紀即已廢除。

「畫地為牢」的「牢」在古代是指什麼意思？

A. 監牢　　B. 圓圈　　C. 籬笆

眼鏡蛙仔的精闢見解：（B）

古時候的懲罰是在地上畫圈，令犯罪者立於圈中，以示懲罰。

由國際消費者組織所制定的「世界消費者權益保護日」是每年的哪一天？

A. 3月5日　　B. 3月12日　　C. 3月15日

眼鏡蛙仔的精闢見解：（C）

所謂消費者權益，已獲得全世界的廣泛重視，為了擴大宣傳，促進各個國家、地區消費者組織的合作與交流，開展保護消費者權益工作。1983年國際消費者聯盟組織確立每年3月15日為「國際消費者權益日」。

Question **世界上最典型的不成文憲法是以下哪一項？**

A. 英國憲法　　　　B. 美國1787年憲法　　　　C. 法國憲法

眼鏡蛙仔的精闢見解：（A）

美國1787年憲法是世界上最早的成文憲法。而法國憲法是世界上變動次數最多的憲法。

四選一

tion **在古代，代表中國法律象徵的是哪一種動物？**

　　　A. 馬　　　B. 虎　　　C. 獨角獸　　　D. 龜

　　眼鏡蛙仔的精闢見解：（C）

　　皋陶是中國司法的鼻祖。傳說他在執法時，經常利用家裡養的一隻獨角獸來判斷是非，如果獨角獸碰過哪個人，那個人最後就會敗訴，沒有一次失誤過。於是後來獨角獸就成了中國法律的象徵。

stion **美國1787年憲法規定誰有解釋憲法的權力？**

　　　A. 國會　　　B. 總統　　　C. 最高法院　　　D. 國務院

　　眼鏡蛙仔的精闢見解：（C）

　　美國憲法中並沒有關於釋憲權歸屬的規定。與解釋憲法的權力相關者，即「違憲審查權」或者「司法審查」，屬於聯邦最高法院的職權。

Question | **世界三大公害是什麼？**

眼鏡蛙仔的精闢見解：

環境污染、吸毒販毒和青少年犯罪。

Question | **請列舉出四種常見的毒品。**

眼鏡蛙仔的精闢見解：

鴉片、嗎啡、海洛因、大麻、古柯鹼、冰毒、搖頭丸、
LSD。

Question | **請列舉出四種傳統的賭博形式。**

眼鏡蛙仔的精闢見解：

撲克、麻將、牌九、骰子、象棋、鬥雞、鬥蟋蟀。

i-smart

智學堂
智慧是學習的殿堂

★ 親愛的讀者您好，感謝您購買 ___選我選我！___ 這本書！
___知識百科大考驗___

為了提供您更好的服務品質，請務必填寫回函資料後寄回，
我們將贈送您一本好書（隨機選贈）及生日當月購書優惠，
您的意見與建議是我們不斷進步的目標，智學堂文化再一次
感謝您的支持！
想知道更多更即時的訊息，請搜尋"永續圖書粉絲團"

您也可以使用以下傳真電話或是掃描圖檔寄回本公司電子信箱，謝謝！

傳真電話：　　　　　　　　　電子信箱：
（02）8647-3660　　　　　　yungjiuh@ms45.hinet.net

姓名：＿＿＿＿＿＿　○先生 生日：＿＿＿＿＿＿　電話：＿＿＿＿＿＿
　　　　　　　　　○小姐

地址：＿＿＿＿＿＿＿＿＿＿＿＿＿＿＿＿＿＿＿＿＿＿＿＿＿＿＿＿＿＿＿

E-mail：＿＿＿＿＿＿＿＿＿＿＿＿＿＿＿＿＿＿＿＿＿＿＿＿＿＿＿＿＿＿

購買地點（店名）：＿＿＿＿＿＿＿＿＿＿＿＿　購買金額：＿＿＿＿＿＿＿

職　　業：○學生　○大眾傳播　○自由業　○資訊業　○金融業　○服務業　○教職
　　　　　○軍警　○製造業　○公職　○其他＿＿＿＿＿＿＿＿＿＿＿＿＿＿

教育程度：○高中以下（含高中）　○大學、專科　○研究所以上

您對本書的意見：☆內容　　　　○符合期待　○普通　○尚改進　○不符合期待
　　　　　　　　☆排版　　　　○符合期待　○普通　○尚改進　○不符合期待
　　　　　　　　☆文字閱讀　　○符合期待　○普通　○尚改進　○不符合期待
　　　　　　　　☆封面設計　　○符合期待　○普通　○尚改進　○不符合期待
　　　　　　　　☆印刷品質　　○符合期待　○普通　○尚改進　○不符合期待

您的寶貴建議：